文化润桂：文化传承视角下的广西新质文旅生产力战略与实践研究

叶　婷　著

中国商业出版社

图书在版编目(CIP)数据

文化润桂 : 文化传承视角下的广西新质文旅生产力战略与实践研究 / 叶婷著. -- 北京 : 中国商业出版社, 2025. 7. -- ISBN 978-7-5208-3508-4

Ⅰ. F592.767

中国国家版本馆CIP数据核字第2025WU8257号

责任编辑：杨善红

中国商业出版社出版发行
（www.zgsycb.com 100053 北京广安门内报国寺1号）
总编室：010-63180647 编辑室：010-83125014
发行部：010-83120835/8286
新华书店经销
北京虎彩文化传播有限公司印刷
*
710毫米×1000毫米 16开 8.25印张 144千字
2025年7月第1版 2025年7月第1次印刷
定价：68.00元
* * * *
（如有印装质量问题可更换）

目　录

第一章　广西文化传承的历史脉络与发展现状

第一节　广西文化的起源与发展历程

一、广西文化的起源与本土文化的形成

广西文化的起源与本土文化的形成是一个悠久而复杂的历史过程，它不仅包含原始人类在广西地区的繁衍生息，还涉及多个历史时期的部族变迁、文化交流与融合。

广西地区的文化起源可以追溯到远古时代，据考古发现，早在80万年前，这里就有原始人类活动的痕迹。这些原始人类在广西的崇山峻岭、江河湖泊之间繁衍生息，逐渐适应了当地的自然环境，并形成了独特的生存方式和文化特征。他们利用自然资源，狩猎采集，逐渐掌握了石器制作技术，开始过上了定居生活。在这个过程中，他们创造出了具有地方特色的原始文化，为后来的文化发展奠定了基础。进入先秦时期，广西地区居住着骆越、西瓯、苍梧等部族。这些部族在长期的历史进程中，逐渐形成了各自独特的文化传统和风俗习惯。骆越部族以其精湛的青铜铸造技艺和独特的稻作文化而闻名；西瓯部族则以其英勇善战和善于驯养水牛的特点而著称；苍梧部族则以其丰富的自然资源和繁荣的商业贸易而享有盛誉。这些部族的文化成果不仅丰富了广西的文化内涵，也为中华文明的形成与发展作出了巨大贡献。在先秦时期，广西地区的稻作文化逐渐兴起。骆越部族作为广西稻作文化的主要创造者之一，他们通过长期的农耕实践，逐渐掌握了水稻的种植技术，并形成了独特的稻作文化传统。与此同时，青铜文化也在广西地区蓬勃发展。骆越部

族的青铜铸造技艺精湛，他们不仅制作了大量的青铜器用于生产和生活，还创作了许多精美的青铜艺术品，如铜鼓、铜钟等，这些艺术品不仅具有极高的艺术价值，还蕴含着丰富的文化内涵和历史信息。

铜鼓是广西地区独具特色的文化符号之一。铜鼓文化起源于先秦时期的骆越部族，后来逐渐传播到广西的其他地区。铜鼓不仅是一种乐器，更是一种权力的象征和祭祀的工具。在骆越部族的祭祀活动中，铜鼓扮演着重要的角色，它发出的浑厚声音和独特的造型都蕴含着神秘的力量和信仰。随着时间的推移，铜鼓文化逐渐融入了广西的民间信仰和习俗中，成了一种具有独特魅力的文化现象。花山文化是广西地区另一种独具特色的文化现象。花山岩画是花山文化的主要代表之一，它们分布在广西的宁明等地，是中国古代岩画艺术的瑰宝之一。花山岩画以其独特的艺术风格和丰富的文化内涵而著称，它们描绘了古代骆越部族的战争、狩猎、舞蹈等场景，生动地展示了古代骆越部族的生活方式和精神世界。这些岩画不仅具有极高的艺术价值，还为研究广西地区的历史和文化提供了宝贵的资料。在漫长的历史进程中，广西地区不仅形成了独特的本土文化，还经历了多次文化交流与融合。例如，在秦汉时期，随着中原文化的传入，广西地区的文化开始与中原文化发生交融和碰撞。这种交融和碰撞不仅促进了广西地区文化的多样性和丰富性，也推动了中华文明的发展进程。在唐宋时期，随着海上丝绸之路的开辟和贸易的繁荣，广西地区与东南亚、南亚等地区的文化交流也日益频繁。这些文化交流不仅带来了新的文化元素和思想观念，也促进了广西地区文化的创新和发展。

广西文化的起源与本土文化的形成是一个悠久而复杂的历史过程。在这个过程中，原始人类在广西地区的繁衍生息为文化的萌芽奠定了基础；先秦时期的部族文化为广西文化的多样性提供了丰富的资源；稻作文化和青铜文化的兴起与繁荣为广西文化的内涵增添了新的元素；铜鼓文化和花山文化的独特魅力则展示了广西文化的独特性和艺术价值；而文化交流与融合则推动了广西文化的不断创新和发展。这些文化元素共同构成了广西丰富多彩的文化画卷。

二、多种文化的传入与融合

在历史长河中，广西地区经历了多次民族迁徙和文化交融，这些过程不仅丰富了广西的文化内涵，也逐渐形成了其独特的文化景观。随着不同民族和文化在广西的交汇，一种多元、包容的广西文化逐渐形成，并在不断地发展与演变中展现出勃勃生机。

广西地区自古以来就是一个多民族聚居的地方，随着历史的演进，不同民族在这里相互交错、相互融合。秦始皇统一岭南后，广西被纳入中央王朝版图，汉族人口开始大量迁入，带来了中原文化。同时，苗族、瑶族等部族也从周边地区迁移到广西，带来了各自独特的文化。这些民族在长期的交往中，相互学习、相互影响，逐渐形成了多元共生的文化格局。中原文化对当地的影响深远而广泛。随着汉族人口的迁入，中原地区的农业生产技术、政治制度、宗教信仰、礼仪习俗等逐渐传入广西。这些文化元素不仅改变了广西地区原有的生活方式，也促进了当地社会的文明进步。例如，中原地区的灌溉技术、耕作方式、农具制造等农业生产技术的传入，极大地提高了广西地区的农业生产水平。同时，中原地区的儒家思想、道教信仰等也逐渐在广西地区传播开来，对当地的社会风气和宗教信仰产生了深远影响。骆越文化是广西地区本土文化的代表之一，具有鲜明的地域特色和民族特色。多种文化的碰撞与融合不仅体现在物质文化层面，如生产工具、生活方式的改变，也体现在精神文化层面，如宗教信仰、价值观念的演变。在碰撞与融合的过程中，骆越文化逐渐吸收了外来文化的有益成分，形成了独具特色的八桂文化。这种文化既保留了骆越文化的传统特色，又融入了外来文化的精华，展现了广西文化的多元性和包容性。

为了加强对岭南地区的统治和开发，秦朝政府采取了一系列措施，包括开凿灵渠、推广中原文化等。灵渠的开凿和通航沟通了湘江和漓江，使得中原的先进生产技术、文化思想等逐渐传入广西。这些文化元素不仅促进了广西地区的经济和社会发展，也推动了当地文化的交流与融合。在这个过程中，广西地区逐渐形成了具有地域特色的文化体系，为后来的文化发展奠定了基础。除了中原文化外，湘楚文化、滇黔文化等也对广西文化产生了重要影响。湘楚文化是指以湖南为中心的地区文化，它与广西地区相邻，文化交流频繁。湘楚文化中的楚辞、湘绣、湘菜等元素逐渐传入广西，对当地的文化艺术、生活方式等产生了深远影响。滇黔文化则是指以云南、贵州为中心的地区文化，它与广西地区也有着密切的文化交流。滇黔文化中的铜鼓文化、苗族文化等元素在广西地区得到了广泛传播和融合，为广西文化的多样性增添了新的色彩。在长期的历史进程中，外来文化与本土文化在广西地区相互交织、共生共荣。这种共生共荣不仅体现在文化元素的相互融合上，也体现在文化精神的相互借鉴上。外来文化的传入为广西地区带来了新的文化元素和思想观念，推动了当地文化的创新和发展。同时，本土文化也对外来文化产生了深刻影响，使得外来文化在广西地区得到了本土化的发展和传承。这种共生共荣的文化格局不仅丰富了广西的文化内涵，也促进了当地社会的和谐稳定和繁荣发展。

外来文化的传入与融合对广西文化的发展产生了深远影响。在多元文化的交汇中，广西地区逐渐形成了独具特色的广西文化，展现了其多元、包容的文化特色。这种文化特色不仅为广西地区的文化繁荣提供了有力支撑，也为中华民族多元一体格局的形成和发展作出了重要贡献。

三、近现代文化的演变与发展

进入近现代以来，广西文化在继承深厚传统的基础上，不断吸收新的文化元素，经历了从封闭走向开放、从单一走向多元的历史性转变。这一时期的广西文化，不仅承载着历史的厚重，更在时代的浪潮中展现出勃勃生机。

抗战时期，广西作为全国抗日正面战场的重要战略后方基地，不仅为抗战胜利作出了巨大贡献，也孕育了独特的抗战文化。在艰苦卓绝的十四年抗战中，广西人民展现出了坚韧不拔、英勇抗争的精神风貌。这种精神不仅体现在战场上，更深深融入了广西的文化血脉之中。抗战文化在广西的广泛传播，激发了民众的爱国热情，增强了民族凝聚力，为抗战胜利提供了强大的精神动力。同时，抗战文化也促进了广西文化的多元化发展，为后来的文化建设奠定了坚实基础。

新中国成立后，广西文化迎来了新的发展机遇。在党和政府的领导下，广西的文化事业得到了蓬勃发展。这一时期，广西涌现出了一批批优秀的文艺作品，如民族歌舞、戏剧、文学等，这些作品不仅展现了广西独特的民族风情和地域特色，也反映了新中国成立后广西人民的精神风貌和时代变迁。同时，广西的文化遗产保护工作也得到了加强，一批批珍贵的文物古迹得到了有效保护和传承。这些文化遗产不仅丰富了广西的文化内涵，也为后人了解和研究广西历史提供了宝贵资料。

随着改革开放的不断深入和现代化建设的加速推进，为广西文化的发展注入了新的活力。这一时期，广西文化在继承传统的基础上，不断吸收现代文化元素，呈现出更加开放、包容、多元的特点。一方面，广西积极引进国内外先进的文化理念和技术手段，推动文化产业的快速发展；另一方面，广西也注重挖掘和传承本土文化资源，打造具有地方特色的文化品牌。这种现代化转型不仅提高了广西文化的竞争力，也促进了广西文化的国际交流与合作。

广西是一个多民族聚居的地区，拥有丰富的民族文化资源。近年来，广西注重将民族文化与旅游文化相结合，推动文化旅游产业的融合发展。通过举办各种民族文化节庆活动、打造民族文化旅游线路等方式，广西成功地将民族文化资源转化为旅游资源，吸引了大量国内外游客前来观光旅游。这种融合发展不仅促进了广西旅游业的繁荣，也提高了广西文化的知名度和影响力。

随着数字技术的快速发展，广西文化也迎来了新的发展机遇。广西积极利用数字技术推动文化产业的创新发展，如打造数字博物馆、开发文化旅游资源数字化平台等。这些数字化项目不仅为游客提供了更加便捷、丰富的文化体验，也促进了广西文化的传播和传承。这些创新实践不仅丰富了广西文化的内涵，也提高了广西文化的科技含量和竞争力。

近现代以来，广西文化的演变与发展是一个不断吸收新元素、不断创新发展的过程。在这个过程中，广西文化不仅保留了深厚的传统底蕴，也展现出了开放、包容、多元的特点。未来，随着时代的不断进步和文化的不断发展，广西文化将继续焕发出新的生机与活力。

第二节　传统文化在广西社会经济中的作用

一、推动地方经济发展

广西，作为中国南方的多民族聚居区，不仅自然风光旖旎，更拥有着丰富多彩、独具特色的非物质文化遗产。这些传统文化元素不仅是广西人民的宝贵精神财富，更是推动地方经济发展的重要资源。

广西的传统文化，如壮族的铜鼓、绣球、壮锦以及独特的山歌等，不仅承载着深厚的历史文化底蕴，更以其独特的艺术魅力和文化内涵吸引着世界各地的游客。这些传统文化元素不仅丰富了广西的文化景观，更成为推动地方经济发展的新增长点。通过将传统文化与现代旅游产业相结合，广西成功打造了一系列具有地方特色的文化旅游产品和品牌，如壮族风情园、绣球文化村等，吸引了大量游客前来观光旅游，带动了当地餐饮、住宿、交通等相关产业的发展。在推动地方经济发展的过程中，广西注重将传统文化与旅游产业进行深度融合，通过创新旅游产品和提高服务质量，打造具有地方特色的文化旅游品牌。例如，《印象·刘三姐》就是一个成功的文化旅游产业融合案例。该项目以广西传统的“刘三姐”文化资源为基础，通过现代化的舞台技术和表演形式，将广西的民族文化与旅游相结合，为游客呈现了一场震撼人心的视听盛宴。这一项目的成功不仅提高了广西旅游产业的知名度和影响力，更为地方经济的发展注入了新的动力。

随着文化创意产业的快速发展，广西也积极将传统文化元素融入文化创意产业中，推动产业的转型升级。通过深入挖掘传统文化的文化内涵和商业价值，广西成功打造了一系列具有地方特色的文化创意产品，如壮族刺绣、瑶族银饰等。这些文化创意产品不仅具有独特的艺术魅力，更蕴含着丰富的文化内涵和民族情感，深受消费者的喜爱。同时，通过加强文化创意产业的创新能力和市场竞争力，广西还进一步推动文化创意产业的快速发展，为地方经济的转型升级提供了新的增长点。在推动地方经济发展的过程中，广西注重政府引导与市场机制的有机结合。政府通过制定相关政策和规划，为文化旅游产业的融合发展等提供了有力的支持和保障。同时，通过充分发挥市场机制的作用，引导企业和社会资本积极参与传统文化的开发与利用工作，推动文化旅游产业的快速发展和文化创意产业的转型升级。这种政府引导与市场机制相结合的发展模式，为地方经济的持续发展注入了新的活力。此外，广西持续提高文化创意产业的创新能力和市场竞争力，推动文化创意产业的快速发展和转型升级。通过这些措施的实施，广西将进一步发挥传统文化的独特魅力，推动地方经济的持续健康发展。

广西的传统文化资源是推动地方经济发展的重要动力。通过深入挖掘和利用这些传统文化元素，广西成功地将文化资源转化为经济优势，为地方经济的持续发展注入了新的活力。

二、促进文化保护与传承

在广西这片充满活力的土地上，传统文化不仅是民族身份和民族认同的重要标志，更是中华民族文化宝库中的璀璨明珠。广西各民族在长期的历史发展过程中，创造了丰富多彩的传统文化，这些文化瑰宝如同璀璨的星辰，照亮了广西乃至整个中华民族的文化天空。促进文化保护与传承，不仅是对历史的尊重，更是对未来负责。广西在这一领域所做的努力，不仅维护了民族文化的多样性和独特性，更促进了民族文化的创新和发展，为广西的社会经济发展注入了强大的文化动力。

为了更有效地保护和传承传统文化，广西创新性地设立了多个传统工艺工作站。这些工作站不仅为传统手艺人提供了展示技艺的平台，更为他们提供了交流和学习的机会。在这里，老艺人可以传授技艺给年青一代，新人也可以在老一辈的指导下，不断精进技艺，实现传统文化的薪火相传。同时，工作站还通过举办展览、讲座等活动，向公众普及传统文化知识，提高公众对传统文化的认识和尊重。这种实体平台的建立，为传统文化的保护与传承提供了有力的支撑。

文化生态保护区是保护传统文化免受现代化冲击的重要屏障。广西在加强文化生态保护区建设方面投入了大量的人力、物力和财力。通过划定特定的区域，对区域内的传统建筑、民俗活动、传统技艺等进行整体性保护，广西成功保留了许多珍贵的文化遗产。这些文化生态保护区不仅为传统文化的传承提供了自然的土壤，更为游客提供了了解传统文化的窗口。在这里，游客可以亲身体验传统文化的魅力，加深对传统文化的理解和尊重。

广西拥有丰富的非物质文化遗产资源，这些资源是广西文化宝库中的瑰宝。为了提高这些文化遗产的知名度和影响力，广西积极申报国家级、世界级非遗保护名录。通过严格的评审和筛选，广西成功将一批具有代表性、独特性和重要价值的非物质文化遗产项目纳入保护名录。这些项目的成功申报，不仅为广西的文化保护事业赢得了国际社会的认可和赞誉，更为广西文化产业的发展提供了新的机遇。

在保护与传承传统文化的过程中，广西注重创新传承方式，让传统文化焕发新生。一方面，广西通过数字化手段对传统文化进行记录和保存，为传统文化的传承提供了丰富的资料库；另一方面，广西还积极利用新媒体平台，通过直播、短视频等形式，将传统文化传播到千家万户。这种创新的传承方式不仅让传统文化更加贴近人们的生活，更激发了年轻人对传统文化的兴趣和热爱。同时，广西还鼓励传统手工艺人进行技术创新和产品升级，将传统文化与现代审美相结合，开发出具有市场竞争力的文化创意产品。

广西将始终坚持“保护为主、抢救第一、合理利用、传承发展”的方针，推动传统文化的保护与传承工作不断向前发展。一方面，广西将继续加强文化生态保护区的建设和管理，确保传统文化的自然土壤不受破坏；另一方面，广西将积极利用现代科技手段，对传统文化进行数字化保护和传承。同时，广西还将加强与国际社会的交流与合作，共同推动世界文化的多样性和繁荣发展。通过这些措施的实施，广西将不断推动传统文化的保护与传承工作迈上新的台阶，为广西乃至整个中华民族的文化事业作出更大的贡献。

广西在促进文化保护与传承方面所做的努力是全方位的、多层次的。通过设立传统工艺工作站、加强文化生态保护区建设、申报国家级和世界级非遗保护名录、创新传承方式、规划未来发展路径等措施的实施，广西不仅有效维护了民族文化的多样性和独特性，更促进了民族文化的创新和发展。

三、提高地方文化软实力

在全球化日益加深的今天，文化软实力已成为衡量一个国家或地区综合竞争力的重要指标。广西，这片拥有丰富传统文化资源的土地，正通过深入挖掘和传承这些资源，不断提高自身的文化软实力，为地方的经济社会发展注入新的活力。传统文化在广西社会经济中，不仅承载着历史的记忆，更成为提高地方文化软实力的重要力量。

广西是一个多民族聚居的省份，各民族在长期的历史发展过程中创造了丰富多彩的文化遗产。这些传统文化资源，如壮族的铜鼓文化、瑶族的盘王节、苗族的苗年节等，都是广西文化软实力的宝贵财富。为了充分挖掘和利用这些资源，广西各级政府和相关部门投入了大量的人力和物力，进行文化资源的普查、整理和保护工作。通过挖掘传统文化资源，广西不仅丰富了自己的文化内涵，也为提高文化软实力奠定了坚实的基础。

在全球化的大背景下，国际文化交流活动日益频繁。广西充分利用自身的传统文化资源，积极参与国际文化交流活动，向世界展示广西独特的民族文化魅力。例如，广西定期举办国际民歌艺术节、中国—东盟文化交流周等活动，吸引了来自世界各地的艺术家和文化学者前来参与。这些活动不仅促进了广西与国际社会的文化交流与合作，也提高了广西在国际上的知名度和影响力。通过国际文化交流活动，广西成功地将自己的传统文化推向了世界舞台，为提高地方文化软实力作出了重要贡献。

为了进一步提高地方文化软实力，广西注重将传统文化元素融入城市建设和公共空间设计等领域。在城市规划中，广西强调保留和传承历史文脉，通过建设具有地方特色的文化街区、博物馆、艺术馆等设施，展示广西的历史文化和民族风情。同时，广西还注重在公共空间设计中融入传统文化元素，如雕塑、壁画、园林景观等，营造出浓厚的文化氛围。这些措施不仅提高了城市的品质和形象，也打造出了具有地方特色的文化品牌和城市形象。通过对这些文化品牌和形象的传播，广西成功地将自己的文化软实力转化为经济社会发展的动力。

在提高地方文化软实力的过程中，广西注重创新传统文化的传播方式。传统的文化传播方式往往受限于时间和空间的限制，难以达到广泛的传播效果。广西积极利用现代科技手段，如互联网、社交媒体等，拓宽文化传播渠道。通过建设数字博物馆、线上文化展览等平台，广西将传统文化资源转化为数字化内容，实现了文化资源的共享和传播。同时，广西还注重与媒体机构的合作，通过新闻报道、专题纪录片等形式，向世界传播广西的传统文化和地域特色。这些创新的传播方式不仅提高了文化传播的效率和覆盖面，也增强了广西文化软实力的传播力和影响力。

文化产业是提高地方文化软实力的重要途径之一。广西在提高文化软实力的过程中，注重培育文化产业集群，促进文化与经济的融合发展。通过政策支持、资金投入等措施，广西鼓励文化企业创新发展，推动文化产业与旅游、科技、教育等产业的深度融合。这些措施不仅促进了文化产业的快速发展，也带动了相关产业的协同发展。例如，广西通过打造文化旅游产业链，将文化旅游资源与旅游产业相结合，吸引了大量的游客前来参观和体验。这不仅提高了广西的旅游收入，也增强了游客对广西文化的认知和认同。通过培育文化产业集群，广西成功地将文化软实力转化为经济社会发展的新动能。

文化人才是提高地方文化软实力的关键因素。为了培养一支高素质的文化人才队伍，广西注重加强文化人才的培养和引进工作。通过举办培训班、讲座等活动，广西提高了文化人才的专业素养和创新能力。同时，广西还积极引进国内外优秀的文化人才和团队，为广西的文化事业发展注入了新的活力。这些文化人才不仅为广西的文化创作和产业发展提供了有力的支持，也为提高广西的文化软实力作出了积极的贡献。通过加强文化人才队伍建设，广西成功地为地方文化软实力的发展提供了强大的人才保障和动力支持。

广西在提高地方文化软实力的过程中，通过挖掘传统文化资源、积极参与国际文化交流、融入城市建设与公共空间、创新传统文化传播方式、培育文化产业集群以及加强文化人才队伍建设等措施，不断提高自身的文化软实力。这些措施不仅丰富了广西的文化内涵和品牌形象，也为广西的经济社会发展注入了新的活力和动力。

第二章　广西文旅产业发展现状及挑战

第一节　广西文旅产业的发展规模与特点

一、广西文旅产业的发展规模

近年来，广西的文旅产业犹如一颗璀璨的明珠，在区域经济中熠熠生辉。其接待游客量与旅游收入的持续增长，成为衡量这一产业发展规模最直观的指标。2024 年，广西文旅市场呈现出前所未有的繁荣景象，接待国内外游客 9.62 亿人次，同比增长 13.30%；实现旅游总收入达 1.03 万亿元，同比增长 11.30%。以融水苗族自治县为例，这个被山水环抱、民族风情浓郁的自治县，凭借其独特的旅游资源，吸引了大量游客前来探访。据统计，2024 年 1 月至 9 月该县接待游客数量高达 670.06 万人次，同比增长 13.18%，旅游收入更是达到了 75.29 亿元，同比增长 14.54%。这一数据不仅彰显了融水文旅产业的蓬勃生机，也反映了广西文旅市场整体的增长趋势。

在广西全区范围内，入境过夜游客的数量同样实现了大幅增长。这一变化不仅得益于广西文旅部门在宣传推广、服务质量提高等方面的努力，更与广西丰富的旅游资源、独特的旅游体验以及良好的旅游环境密不可分。随着广西文旅产业的知名度和美誉度不断提高，越来越多的国内外游客将广西作为他们的旅游目的地，为广西文旅产业的持续繁荣注入了强劲动力。为推动文旅产业的持续发展，广西壮族自治区政府及企业界不断加大对重大文旅项目的投资力度。这些项目不仅规模宏大、影响广泛，更是广西文旅产业未来发展的重要支撑。根据《广西文旅产业发展三年行动方案》，广西计划在未来几年内，通过加大投资力度，打造一批具有影响力的文旅项目。到 2026 年，广西重大文旅项目新增投资额将达到 480 亿元，这一数字不仅体现了广西壮族自治区政府对文旅产业发展的高度重视，也彰显了广西文旅产业的广阔前景和巨大潜力。这些重大文旅项目的建设，不仅将提高广西文旅产业的整体竞争力，还将促进相关产业链的发展，为广西经济的多元化和高质量发展提供有力支撑。同时，这些项目的实施还将带动当地就业和居民收入的增长，为广西文旅产业的可持续发展奠定坚实基础。在加大投资力度的同时，广西文旅产业还注重项目的多样化发展。针对不同游客群体的需求和喜好，广西文旅部门和企业界推出了丰富多彩的文旅项目。从自然风光游到历史文化游，从民俗体验游到休闲度假游，广西文旅项目涵盖了各个领域和层面。这些多样化的文旅项目不仅满足了游客的多元化需求，还提高了广西文旅市场的吸引力和竞争力。例如，在广西的桂林地区，游客可以欣赏到壮丽的山水风光和独特的喀斯特地貌；在南宁的青秀山景区，游客可以领略到广西丰富的植物资源和独特的园林艺术；在北海的银滩，游客则可以享受到迷人的海滨风光和丰富的水上活动。这些多样化的文旅项目不仅让游客在广西的旅行更加丰富多彩，也为广西文旅产业的持续繁荣提供了有力保障。

随着广西文旅产业的不断发展壮大，其带来的社会效应也日益显著。在经济方面，文旅产业的发展不仅促进了相关产业链的发展壮大和就业岗位的增加，还推动了区域经济的多元化和高质量发展。在文化方面，文旅产业的发展不仅弘扬了广西丰富的民族文化传统和独特的民俗风情，还促进了不同文化之间的交流与融合。在社会和谐方面，文旅产业的发展不仅提高了游客的满意度和幸福感，还为当地居民提供了更多的文化娱乐和精神享受机会。这些社会效应不仅彰显了广西文旅产业发展的巨大潜力和广阔前景，也为广西经济社会的全面可持续发展注入了强劲动力。

二、广西文旅产业的特点

广西，这片位于中国南部的热土，以其多民族聚居的特色而闻名遐迩。在文旅产业的发展进程中，广西始终将民族文化的挖掘与传承放在首位，致力于通过文旅产品展示这片土地的多元魅力。广西的民族文化资源丰富多彩，从苗族的芦笙节到壮族的“三月三”歌节，从瑶族的盘王节到侗族的大歌节，每一个民族都有其独特的节庆活动和传统习俗。这些民族文化不仅是广西文旅产业的瑰宝，更是中华民族多元文化的重要组成部分。为了深入挖掘和传承这些民族文化资源，广西文旅部门积极组织各类民族节庆活动，如芦笙斗马节、壮族歌圩等，让游客在参与中体验少数民族的传统文化和民俗风情。同时，广西还通过建设民族文化村、民族博物馆等形式，对民族文化进行保护、传承和展示。这些举措不仅让游客在旅行中领略到广西的民族风情，更增强了游客对中华民族多元文化的认同感和自豪感。

在文旅产品的开发中，广西也注重融入民族文化元素。例如，在乡村旅游产品中，通过展示当地的民族服饰、手工艺品和民间艺术表演，让游客在欣赏美景的同时，也能感受到浓厚的民族氛围。在体育旅游产品中，结合当地的民族传统体育项目，如龙舟赛、陀螺比赛等，让游客在体验运动乐趣的同时，也能领略到民族文化的独特魅力。

在文旅产业的发展过程中，广西不仅注重民族文化的挖掘与传承，还积极推动文旅产业与其他产业的融合发展。这种融合发展的模式不仅丰富了文旅产业的内涵和外延，也进一步拓展了文旅产业的发展空间。广西积极推动文旅产业与农业的融合发展。通过打造乡村旅游、农家乐等旅游产品，让游客在体验田园风光的同时，也能感受到农村的淳朴生活和农耕文化。这种融合发展的模式不仅促进了农村经济的发展，也提高了农民的收入水平。

广西还注重文旅产业与体育产业、教育产业的融合发展。通过举办各类体育赛事和活动，如马拉松、自行车赛等，吸引游客前来参与和观赏。这些体育赛事不仅提高了广西的知名度和美誉度，也为文旅产业带来了新的增长点。通过建设研学旅游基地、开展科普教育活动等方式，让游客在旅行中学习知识、增长见识。这种融合发展的模式不仅满足了游客的求知需求，也为文旅产业注入了新的活力。

在文旅产业的发展过程中，广西始终注重产品的创新升级。通过不断推出新产品、新线路和新服务，提高文旅产业的竞争力和吸引力。在旅游产品方面，广西注重打造具有地方特色和民族风情的旅游产品。例如，结合当地的自然景观和人文资源，推出了一批乡村旅游、生态旅游、红色旅游等特色旅游产品。这些产品不仅满足了游客的多样化需求，也提高了广西文旅产业的知名度和美誉度。在旅游线路方面，广西注重优化线路设计，提高游客的旅行体验。通过整合各类旅游资源，推出了一批精品旅游线路和主题旅游线路。这些线路不仅涵盖广西的主要景点和特色文化，还注重游客的参与性和互动性。在服务方面，广西也注重提高服务质量和水平。通过加强培训和管理，提高从业人员的专业素养和服务意识。同时，通过引入智能化、数字化等现代信息技术手段，提高旅游服务的便捷性和个性化程度。这些举措不仅提高了游客的满意度和幸福感，也为广西文旅产业的可持续发展奠定了坚实基础。

在文旅产业的发展过程中，广西始终注重生态环境的保护与可持续发展。通过加强生态环境保护、推进绿色发展等方式，实现文旅产业与生态环境的和谐共生。在旅游资源开发过程中，广西注重保护自然生态和文化遗产。通过制定严格的保护措施和管理制度，确保旅游资源的可持续利用。同时，通过加强监管和执法力度，打击破坏生态环境和文化遗产的违法行为。在旅游服务过程中，广西也注重推广绿色旅游和低碳旅游理念。通过引导游客减少碳排放、节约用水用电等方式，降低旅游活动对生态环境的影响。同时，通过推广环保型交通工具和住宿设施等方式，提高旅游活动的环保水平。广西还积极开展生态旅游示范区和绿色旅游景区的创建工作。通过加强生态旅游资源的开发和保护力度、提高生态旅游产品的质量和水平等方式，推动生态旅游产业的快速发展。这些举措不仅促进了广西文旅产业的绿色发展，也为全国乃至全球的生态文明建设提供了有益借鉴。

在文旅产业的发展过程中，广西始终秉持开放合作的理念，积极推动文旅产业的国际化发展。通过加强与国际旅游组织的合作与交流、拓展国际旅游市场等方式，提高广西文旅产业的国际影响力和竞争力。在国际旅游合作方面，广西积极加强与世界旅游组织、亚太旅游协会等国际旅游组织的合作与交流。通过参与国际旅游展会和活动、举办国际旅游论坛和研讨会等方式，展示广西的文旅资源和产品特色。同时，通过加强与周边国家和地区的旅游合作与交流，推动跨境旅游线路的开发和推广。在国际旅游市场拓展方面，广西注重提高旅游产品的国际化水平和市场竞争力。通过加强市场调研和分析、优化旅游产品结构和线路设计等方式，满足不同国家和地区游客的多样化需求。同时，通过加强旅游营销和推广力度、提高旅游服务的国际化水平等方式，吸引更多国际游客前来广西旅游观光。广西还积极推动文旅产业的"走出去"和"引进来"相结合的发展模式。通过加强与国内外知名旅游企业和机构的合作与交流、引进先进的旅游管理经验和技术等方式，提高广西文旅产业的国际化水平和竞争力。这些举措不仅促进了广西文旅产业的国际化发展，也为广西经济的对外开放和合作提供了有力支撑。

在文旅产业的发展过程中，广西始终注重政策引导与市场机制的有机结合。通过加强政策扶持和监管力度、优化市场环境等方式，激发文旅产业的发展活力和创造力。在政策扶持方面，广西壮族自治区政府出台了一系列支持文旅产业发展的政策措施。例如，通过设立文旅产业发展基金、提供税收优惠和财政补贴等方式，支持文旅企业的创新发展和市场拓展。同时，通过加强文旅产业的规划布局和基础设施建设力度、提高文旅产业的公共服务水平等方式，为文旅产业的可持续发展奠定坚实基础。在市场机制方面，广西注重发挥市场在资源配置中的决定性作用。通过加强市场监管和执法力度、优化市场环境等方式，促进文旅产业的公平竞争和健康发展。同时，通过引入社会资本和民间资本等方式，拓宽文旅产业的融资渠道和投资领域。这些举措不仅激发了文旅产业的发展活力和创造力，也为广西文旅产业的持续健康发展提供了有力保障。

第二节　传统文旅产业的运行模式及瓶颈

一、传统文旅产业的运行模式

传统文旅产业深深扎根于当地的自然资源与文化遗产之中，这些资源构成了文旅产业的核心吸引力。自然风光如山川湖泊、森林草原、海滨沙滩等，以其壮丽或秀美的景色吸引着游客的目光。历史遗迹则承载着丰富的历史文化信息，是了解过去、感受历史沧桑的重要窗口。而文化遗产，无论是物质的还是非物质的，都蕴含着深厚的文化底蕴和民族智慧，是游客体验异地文化、感受文化多样性的重要途径。

在传统文旅产业的运行模式下，这些资源被充分开发并利用，通过规划合理的旅游线路、设置完善的旅游设施、提供优质的旅游服务，将游客引入这片充满魅力的土地。游客在欣赏美景、感受历史、体验文化的同时，也为当地带来了经济效益和社会效益。但是，这种对资源的依赖也带来了一些问题，如资源的过度开发、环境的破坏以及文化遗产的商业化倾向等，需要引起高度重视。在传统的文旅产业运行模式中，观光旅游无疑是最主要的旅游形式。游客通过参观景点、欣赏风景、了解历史文化等方式，获得旅游体验。观光旅游以其直观、生动、易于接受的特点，成了大众旅游的首选。观光旅游通常以游览线路为载体，将不同的景点串联起来，形成一个完整的旅游体验。在游览过程中，游客不仅可以欣赏壮丽的自然风光和独特的人文景观，还可以通过导游的讲解和解说，了解景点的历史背景和文化内涵。这种旅游形式不仅满足了游客的好奇心和求知欲，也增强了游客的文化自信和民族自豪感。观光旅游也存在一些问题。例如，游客流量过大，导致景点拥堵、环境破坏；旅游体验单一，缺乏互动性和参与性；旅游产品同质化严重，难以满足游客的多样化需求等。这些问题需要文旅产业不断创新和改进，以适应游客需求的变化和市场的竞争。由于对资源的依赖和观光旅游的主导地位，传统文旅产业中的旅游产品往往存在同质化现象。相似的自然风光、历史遗迹和文化遗产，导致旅游产品缺乏特色和创新，难以吸引游客的持续关注。旅游产品同质化不仅表现在自然景观和文化遗产的相似性上，还表现在旅游服务、旅游设施、旅游活动等方面。例如，不同地区的旅游线路具有相似的游览内容和景点安排，旅游服务的质量和水平存在较大的差异和不确定性，旅游活动缺乏创新性和个性化。为了克服旅游产品同质化的问题，文旅产业需要不断创新和改进。一方面，可以通过深入挖掘当地的文化内涵和民族特色，打造具有独特魅力的旅游产品；另一方面，可以通过引入新技术、新理念和新的旅游业态，提高旅游产品的品质和竞争力。同时，也需要加强市场监管和执法力度，防止旅游产品的恶意抄袭和侵权行为的发生。

传统文旅产业的运行不仅需要依赖自然资源和文化遗产的吸引力，还需要构建一个完善的旅游产业链来支撑其发展。旅游产业链包括旅游资源的开发、旅游产品的设计、旅游服务的提供、旅游市场的营销、旅游收益的分配等多个环节。在旅游产业链的构建和完善过程中，需要各个环节之间的协同发展和紧密合作。例如，旅游资源的开发，需要与环保、文化等部门进行沟通和协调，以确保资源的可持续利用和保护；旅游产品的设计，需要充分考虑游客的需求和市场的变化，以提供具有吸引力和竞争力的旅游产品；旅游服务的提供，需要注重服务质量和水平的提高，以满足游客的期望和满意度；而旅游市场的营销则需要通过多种渠道和方式，扩大旅游产品的知名度和影响力。同时，旅游产业链的完善也需要政府的支持和引导。政府可以通过制定相关政策、提供财政补贴和税收优惠等方式，鼓励和支持文旅产业的发展和创新。此外，政府还可以通过加强旅游基础设施建设和提高公共服务水平等方式，为文旅产业的发展提供有力的支撑和保障。传统文旅产业的发展离不开旅游市场的开发和拓展。随着旅游市场的不断变化和游客需求的多样化，文旅产业需要不断调整和优化市场开发和拓展策略。文旅产业需要积极拓展多元化的旅游市场。例如，通过加强与国际旅游组织的合作与交流、拓展国际旅游市场等方式，吸引更多国际游客前来旅游观光；也可以通过开发影视旅游、养生旅游、乐活旅游等新型旅游产品，满足国内游客的多样化需求。文旅产业也需要注重旅游市场的细分化。例如，针对不同年龄、性别、职业、兴趣爱好等游客群体的特点和需求，设计具有针对性和个性化的旅游产品；也可以通过加强市场调研和分析，了解游客的需求变化和市场的发展趋势，为文旅产业的创新和改进提供有力的支撑和依据。在旅游市场的开发和拓展过程中，文旅产业需要注重品牌建设和市场推广。通过加强品牌形象的塑造和传播、提高旅游产品的知名度和美誉度等方式，增强游客对文旅产业的信任度和忠诚度。同时，也需要注重市场推广的精准性和有效性，通过选择合适的营销渠道和方式，将旅游产品精准地推向目标市场。在传统文旅产业的发展过程中，可持续发展和环境保护是不可或缺的重要方面。文旅产业作为一个与自然环境和文化遗产密切相关的产业，其发展必须建立在可持续和环保的基础上。因此，文旅产业需要注重资源的节约和高效利用。例如，通过加强旅游资源的规划和管理、优化旅游产品的结构和设计等方式，减少资源的浪费和环境的破坏；通过引入新技术和新能源等方式，提高资源的利用效率和环保水平。文旅产业也需要加强环境保护和生态修复工作。例如，通过加强环境监测和评估、制定严格的环保标准和措施等方式，确保旅游活动对环境的负面影响控制在可接受的范围内；通过开展生态修复和环境保护项目等方式，促进旅游资源的可持续利用和生态环境的改善。

文旅产业还需要加强社会责任和公益活动的参与。例如，通过参与扶贫帮困、支持教育文化事业等方式，履行企业的社会责任和公益使命；通过开展环保教育和宣传活动等方式，提高游客的环保意识和参与度。这些举措不仅有助于提高文旅产业的形象和声誉，也有助于推动社会的可持续发展和环境保护事业。

二、传统文旅产业的瓶颈

传统文旅产业在发展过程中，往往过于依赖自然资源，如山水景观、历史遗迹等，而忽视了对文化内涵的深度挖掘和创意呈现。这种单一化的资源利用方式，导致了旅游产品的同质化现象严重，难以满足现代游客对多元化、个性化旅游体验的需求。游客在游览过程中，往往只能欣赏到表面的自然风光，而无法深入了解背后的文化内涵和故事，使得旅游体验缺乏深度和趣味性。为了突破这一瓶颈，传统文旅产业需要加强对文化内涵的挖掘和创意呈现。通过引入现代科技手段，如虚拟现实、增强现实等，为游客提供更加沉浸式的旅游体验。同时，还可以结合当地的文化特色，开发具有独特性和创新性的旅游产品，如文化主题酒店、民俗体验活动等，以吸引更多游客前来体验。

文化与旅游的割裂是传统文旅产业面临的另一个瓶颈。许多景区在开发过程中，缺乏对当地文化的深入了解与挖掘，导致旅游产品缺乏内涵与特色。游客在游览过程中，往往只能感受到表面的风景和建筑，而无法深入了解当地的文化背景和历史传承。这种浅尝辄止的旅游体验，使得游客难以对景区产生深刻的印象，难以建立情感连接。为了解决这个问题，传统文旅产业需要加强文化与旅游的融合，通过深入挖掘当地的文化资源，打造具有地方特色的文化旅游产品。同时，还可以通过举办文化节庆活动、民俗表演等方式，让游客在参与和互动中深入了解当地的文化。此外，还可以通过建立文化博物馆、展览馆等，为游客提供更加全面和深入的文化体验。

传统文旅产业在创意策划、市场营销等方面的高端人才短缺，是制约产业创新与可持续发展的关键因素之一。由于缺乏专业人才的支持，许多景区在旅游产品的开发和市场营销方面存在明显的短板。传统的营销手段和宣传方式难以适应现代旅游市场的变化，导致旅游产品的知名度和吸引力不足。为了突破这一瓶颈，传统文旅产业需要加强对人才的培养和引进。通过举办培训活动、引进高端人才等方式，提高产业内人才的专业素养和创新能力。同时，还需要积极采用现代营销手段，如社交媒体营销、大数据分析等，提高旅游产品的知名度和吸引力。此外，还可以通过建立旅游电商平台、开展线上旅游活动等方式，拓宽旅游产品的销售渠道和市场。

传统文旅产业在旅游基础设施和服务水平方面也存在明显的滞后现象。一些景区在交通、住宿、餐饮等方面的基础设施建设不足，导致游客在游览过程中存在诸多不便。同时，一些景区的服务水平也较低，无法满足游客对高品质旅游服务的需求。这些问题都严重影响了游客的旅游体验和对景区的满意度。为了改善这一状况，传统文旅产业需要加强对旅游基础设施的建设。通过加大投入力度，完善交通、住宿、餐饮等基础设施的建设，提高游客的便利性和舒适度。同时，还需要加强对景区服务人员的培训和管理，提高服务质量和水平。此外，还可以通过建立游客反馈机制、开展服务质量评估等方式，不断改进和优化旅游服务。

随着传统文旅产业的快速发展，生态环境压力也在不断增大。一些景区在开发过程中，缺乏对生态环境的保护和修复措施，导致生态环境受到破坏和污染。这不仅影响了景区的景观质量和游客的游览体验，还对当地的生态环境和生物多样性造成了威胁。为了解决这个问题，传统文旅产业需要加强对生态环境的保护和修复。通过建立生态环保机制、加强环境监测和评估等方式，确保景区生态环境的可持续发展。同时，还需要加强对游客的环保教育和宣传，提高游客的环保意识和参与度。此外，还可以通过开展生态旅游活动、推广绿色旅游方式等方式，促进景区的可持续发展和生态环境的改善。

政策支持和法规监管的不足也是传统文旅产业发展面临的一个重要瓶颈。由于缺乏有效的政策支持和法规监管，一些景区在开发过程中存在违法违规现象，如擅自改变土地用途、破坏生态环境等。这不仅影响了景区的形象和声誉，还对当地的生态环境和社会稳定造成了负面影响。为了解决这个问题，政府需要加强对传统文旅产业的政策支持和法规监管。通过制定和完善相关政策法规、加强执法力度和监管力度等方式，确保景区的合法合规经营和生态环境的可持续发展。同时，还需要加强对景区的指导和支持，推动景区在文化传承、生态保护、产业发展等方面取得更好的成绩。此外，还可以通过建立行业协会、加强行业自律等方式，促进传统文旅产业的健康有序发展。

第三节　文旅产业发展对广西区域经济的影响

一、推动区域经济结构优化与产业升级

文旅产业的发展在促进广西区域经济结构优化与产业升级方面发挥了举足轻重的作用。这一产业的发展不仅为广西带来了显著的经济效益，更在深层次上推动了区域产业结构的调整和升级，为广西经济的持续健康发展奠定了坚实的基础。

旅游作为综合性强、关联度高的产业，其蓬勃发展能够直接带动一系列相关产业的发展。随着文旅产业的兴起，餐饮、住宿、交通、购物等相关行业迎来了前所未有的发展机遇。餐饮行业在旅游需求的推动下，不断创新菜品和服务，吸引了大量游客前来品尝；住宿行业则通过提高硬件设施和服务质量，满足了游客多样化的住宿需求；交通行业在旅游流量的带动下，不断完善交通网络，提高了旅游景点的可达性；购物行业则依托旅游市场，丰富

了商品种类，提高了购物体验。这些相关产业的繁荣，不仅为广西经济注入了新的活力，也促进了区域经济结构的优化。

文旅产业的发展促进了广西传统产业的改造升级。在文旅产业的推动下，广西的传统产业开始注重品牌打造、文化挖掘和产品创新，逐渐摆脱了单一、低端的生产模式，向高附加值、高品质的方向发展。例如，广西的传统手工艺品在文旅产业的带动下，融入了更多的文化元素和创意设计，成为深受游客喜爱的旅游纪念品；广西的传统农业也在文旅产业的推动下，发展起了乡村旅游和生态农业，实现了农业与旅游业的有机结合，提高了农产品的附加值和市场竞争力。

文旅产业的发展为广西新兴产业的出现提供了契机。随着文旅产业的蓬勃发展，广西地区涌现出了一批以文化创意、数字娱乐、健康养生为代表的新兴产业。这些新兴产业不仅丰富了广西的经济业态，也为区域经济带来了新的增长点。文化创意产业借助广西丰富的民族文化和自然景观，开发出一系列具有地方特色的文化创意产品，满足了游客对文化体验的需求。数字娱乐产业则利用现代科技手段，为游客提供了更加便捷、互动的旅游体验，推动了旅游产业的数字化转型。同时，健康养生产业结合广西的自然资源和生态环境，发展起了以养生度假、健康管理为主题的服务项目，吸引了大量追求健康生活方式的游客。这些新兴产业的兴起，不仅为广西经济注入了新的活力，也促进了区域经济结构的进一步优化和升级。

文旅产业的发展还促进了广西区域经济结构的多元化和高质量发展。在文旅产业的带动下，广西的经济结构逐渐由单一的资源型经济向多元化的服务型经济转变。旅游业的发展不仅带动了相关产业的发展，还促进了就业、增加了税收、改善了民生。同时，文旅产业的发展也推动了广西产业结构的优化升级，提高了经济的质量和效益。在文旅产业的引领下，广西的经济发展呈现出多元化、高质量发展的态势，为广西经济的持续健康发展奠定了坚实的基础。值得注意的是，文旅产业的发展还促进了广西区域经济的协同发展。在文旅产业的推动下，广西各地开始加强区域合作，共同打造旅游品牌和旅游线路。通过区域合作，广西各地实现了资源共享、优势互补和互利共赢。例如，广西的桂林、北海、南宁等城市在文旅产业的带动下，加强了旅游合作和资源共享，共同打造了一系列具有地方特色的旅游品牌和旅游线路，吸引了大量游客前来观光游览。这种区域合作不仅促进了各地旅游业的发展，也推动了区域经济的协同发展。

文旅产业的发展在促进广西区域经济结构优化与产业升级方面发挥了重要作用。未来，随着文旅产业的不断发展壮大，广西将继续深化产业结构调整和升级，推动经济持续健康发展。同时，广西也将加强区域合作和资源整合，共同打造具有地方特色的旅游品牌和旅游线路，为广西经济的繁荣发展注入新的活力。

二、拉动区域经济增长与扩大就业

文旅产业的兴起对广西区域经济的增长起到了显著的拉动作用，并在此过程中创造了大量的就业机会，成为推动地区发展的重要力量。这一产业的发展不仅提高了广西的经济实力，还促进了就业市场的繁荣，为当地居民提供了更加丰富的就业选择。

文旅产业作为广西经济的新增长点，其快速发展直接带动了旅游业收入的增加。广西拥有丰富的自然景观和深厚的文化底蕴，这为文旅产业的发展提供了得天独厚的条件。随着旅游资源的不断开发和旅游设施的完善，广西的旅游业迎来了前所未有的发展机遇。越来越多的游客被广西的美景和文化所吸引，选择来此旅游观光，这不仅带动了旅游收入的增长，也为区域经济注入了新的活力。旅游业的发展不仅为广西带来了直接的经济效益，还通过旅游消费促进了当地其他产业的发展，形成了良性循环。文旅产业的发展也带动了相关产业链上的企业发展，为区域经济发展增添了新的动力。旅游业是一个综合性的产业，它的发展离不开餐饮、住宿、交通、购物等相关行业的支持。在广西，随着文旅产业的兴起，这些相关行业也得到了快速发展。餐饮行业推出了更多具有地方特色的美食，吸引了大量游客品尝；住宿行业提供了更加舒适便捷的住宿环境，满足了游客的多样化需求；交通行业不断完善交通网络，提高了旅游景点的可达性；购物行业则通过丰富商品种类和提高服务质量，吸引了游客前来购物消费。这些行业的发展不仅为游客提供了更好的旅游体验，也为当地居民提供了更多的就业机会。文旅产业的发展还促进了广西就业市场的繁荣。随着文旅产业的不断发展，越来越多的企业和机构涌入这一领域，为当地居民提供了更加丰富的就业选择。在文旅产业中，不仅需要导游、酒店服务员等传统旅游从业人员，还需要大量的策划、营销、设计、运营等新型人才。这些新型人才的需求为当地居民提供了更多的就业机会，也促进了当地人才结构的优化和升级。同时，文旅产业的发展还带动了相关产业链上的企业招聘更多的员工，为当地就业市场注入了新的活力。

广西在文旅产业发展过程中，注重提高旅游服务质量，加强旅游基础设施建设，这也为当地居民提供了更多的就业岗位。为了提高旅游服务质量，广西不断加强旅游从业人员的培训和教育，提高他们的专业技能和服务水平。这不仅提高了旅游服务质量，也为当地居民提供了更多的培训和就业机会。同时，为了加强旅游基础设施建设，广西投入了大量资金用于交通、住宿、餐饮等旅游配套设施的建设和改造。这些建设项目的实施不仅提高了旅游设施的品质和水平，也为当地居民提供了更多的建筑、设计、施工等就业机会。值得一提的是，文旅产业的发展还促进了广西创新创业的活跃。在文旅产业的带动下，越来越多的创业者选择进入这一领域，通过创新和创业实现自己的职业发展。他们利用广西丰富的旅游资源和文化底蕴，开发出具有地方特色的旅游产品和服务，为游客提供了更加丰富的旅游体验。这些创新创业项目的实施不仅为广西文旅产业增添了新的活力，也为当地居民提供了更多的创业机会和就业岗位。同时，这些创新创业项目的成功也为广西经济的发展注入了新的动力。

文旅产业的发展对广西区域经济的增长和就业市场的扩大起到了显著的推动作用。随着文旅产业的不断发展壮大，广西将继续深化文旅产业的转型升级，推动旅游业与相关产业的融合发展，为区域经济的持续增长和就业市场的繁荣贡献更多的力量。同时，广西也将加强对创新创业的扶持和引导，鼓励更多的创业者进入文旅产业领域，为当地经济的发展注入新的活力。

三、提高区域品牌知名度与吸引力

文旅产业的发展在提高广西区域品牌知名度和吸引力方面发挥了至关重要的作用。广西这片神奇的土地，以其独特的自然景观、丰富的文化遗产和深厚的民族底蕴，成为众多游客心中的旅游胜地。而文旅产业的兴起，更是将这些独特的资源转化为了一张张闪亮的名片，向世界展示了广西的魅力。

文旅产业的发展让广西的自然景观得以更好地呈现在世人面前。广西拥有众多壮丽的自然风光，如桂林的山水、北海的银滩、龙胜的梯田等，这些景观以其独特的魅力吸引了无数游客的目光。通过文旅产业的规划和开发，广西不仅对这些自然景观进行了有效的保护和利用，还通过举办各种旅游节庆活动、打造精品旅游线路等方式，让这些景观更加生动、立体地展现在游客面前。这些举措不仅提高了广西自然景观的知名度和美誉度，还增强了游客对广西旅游品牌的认同感。

文旅产业的发展让广西的文化遗产得到了更好的传承和发扬。广西是一个多民族聚居的省份，这里孕育了丰富多彩的民族文化。通过文旅产业的推动，广西的文化遗产得到更好的保护和传承，同时也在旅游市场上得到了广泛的传播和推广。例如，广西通过举办各种民族文化节庆活动、建设民族文化主题公园等方式，让游客在欣赏美景的同时，也能深入了解广西的民族文化，感受不同民族的风情和魅力。这些举措不仅提高了广西的文化影响力，还增强了游客对广西旅游品牌的喜爱和向往。

文旅产业的发展促进了广西旅游品牌的国际化进程。随着全球化的深入发展，旅游市场的竞争也日益激烈。为了提高广西旅游品牌的国际知名度和吸引力，广西文旅产业积极拓展海外市场，通过参加国际旅游交易会、举办国际旅游节庆活动等方式，向世界展示广西的旅游资源和品牌魅力。同时，广西还加强与海外旅游机构的合作与交流，推动广西旅游品牌的国际化传播和推广。这些举措不仅提高了广西在国际旅游市场上的知名度和影响力，还为广西吸引了更多的国际游客和投资者。

文旅产业的发展还推动了广西旅游品牌的多样化发展。在文旅产业的推动下，广西不仅注重自然景观和文化遗产的开发和利用，还积极推动康养旅游、边境跨境旅游、探险旅游等新型旅游业态的发展。这些新型旅游业态不仅丰富了广西的旅游产品和服务体系，还为游客提供了更加多元化、个性化的旅游体验。同时，这些新型旅游业态的发展也推动了广西旅游品牌的多样化发展，使广西在旅游市场上更加具有竞争力和吸引力。

文旅产业的发展还促进了广西旅游品牌的数字化建设。在数字化时代，互联网和移动通信技术的发展为旅游产业的转型升级提供了有力支撑。广西文旅产业紧跟时代步伐，积极推动旅游品牌的数字化建设。通过建设智慧文旅平台、推广旅游电子商务等方式，广西不仅提高了旅游服务的便捷性和智能化水平，还为游客提供了更加丰富的在线旅游产品和服务。这些举措不仅增强了游客对广西旅游品牌的认知度和信任度，还为广西旅游品牌在国际市场上的传播和推广提供了更加广阔的空间和机遇。

文旅产业的发展在提高广西区域品牌知名度和吸引力方面发挥了至关重要的作用。随着文旅产业的不断发展壮大和转型升级的深入推进，广西将继续深化文旅产业的融合发展、创新发展和国际化发展，为提高广西旅游品牌的知名度和吸引力贡献更多的智慧和力量。

第三章　文化传承在文旅生产力发展中的作用

第一节　文化遗产在广西文旅产业中的价值体现

一、提高旅游吸引力与文化认同感

提高旅游吸引力与文化认同感是一个相辅相成的过程，特别是在广西这样一个文化底蕴深厚、自然景观秀美的地区。文化遗产作为自治区的独特标志和资源，为广西的文旅产业带来了极大的吸引力，同时也深刻影响着当地居民的文化认同感。

广西，这片位于中国南方的神奇土地，孕育了丰富多彩的文化遗产。左江花山岩画文化景观以其独特的岩画艺术，展现了古代壮族人民的生活场景和宗教信仰，成为研究古代社会和文化的重要窗口。海上丝绸之路·北海史迹则见证了广西作为古代海上丝绸之路重要节点的辉煌历史，其丰富的历史遗迹和文物藏品，让游客仿佛穿越时空，感受到那段繁荣与开放的岁月。桂林的漓江和龙脊梯田更是广西旅游的标志性景观，它们不仅以其绝美的自然风光著称，更蕴含着深厚的文化内涵和民俗风情，让游客在欣赏美景的同时，也能深入了解广西的历史与文化。这些文化遗产以其独特的魅力和深厚的历史底蕴，成为了吸引国内外游客的磁石。每年，数以百万计的游客慕名而来，他们或是被那些古老而神秘的岩画所吸引，或是想探寻海上丝绸之路的足迹，又或是被漓江的山水画卷和龙脊梯田的壮丽景色所打动。这些文化遗产不仅为广西带来了可观的旅游收入，更重要的是，它们成为游客了解广西、感受广西文化的重要窗口。通过亲身体验和深入了解，游客们对广西的文化有了更加直观和深刻的认识，从而进一步提高了广西在国际旅游市场上的知名度和影响力。文化遗产的融入，不仅丰富了广西文旅产业的内涵，也极大地提高了游客的满意度和留存率。在旅游开发中，广西各地充分利用文化遗产资源，打造了一系列具有地方特色的旅游产品和线路。例如，通过开发岩画主题游、海上丝绸之路文化体验游等旅游产品，让游客在游览的过程中，能够更深入地了解广西的历史文化和民俗风情。同时，广西还注重提高旅游服务的质量和水平，为游客提供更加周到、便捷的服务。这些措施不仅让游客在旅途中感受到了广西人民的热情好客，也让他们对广西的文化有了更加全面和深入的了解，从而提高了他们的满意度和留存率。

文化遗产的融入，不仅提高了广西文旅产业的吸引力，也深刻影响了当地居民的文化认同感。这些文化遗产是广西历史、传统、艺术和民俗的集中体现，它们见证了广西人民的智慧和创造力。通过旅游开发，当地居民能够更深入地了解和认识自己的文化遗产，从而增强对本土文化的自豪感和归属感。他们开始更加重视和保护自己的文化遗产，积极参与到文化遗产的传承和保护工作中来。这种文化认同感的提高，不仅有助于维护广西文化的多样性和独特性，也为广西文旅产业的可持续发展奠定了坚实的基础。

文化遗产作为广西文旅产业的璀璨明珠，不仅为广西带来了极大的旅游吸引力，也深刻影响了当地居民的文化认同感。在未来的发展中，广西将继续依托文化遗产资源，不断创新旅游产品和服务模式，提高旅游体验的质量和水平，为打造具有国际影响力的文化旅游品牌而不懈努力。

二、促进经济发展

在广西这片充满生机与活力的土地上，文化遗产不仅是历史的见证，更是推动经济社会发展的重要力量。近年来，广西依托丰富的文化遗产资源，大力发展文旅产业，为经济发展注入了新的活力。

广西的文化遗产资源丰富多彩，从古老的岩画、古老的村落到独特的民族风情，每一处都散发着独特的魅力。这些文化遗产不仅具有极高的历史价值和文化价值，更成为推动广西经济发展的新引擎。通过开发、利用这些文化遗产资源，广西的文旅产业实现了快速增长，不仅为地方财政带来了可观的收入，还带动了相关产业的发展。例如，随着游客数量的增加，餐饮、住宿等服务业迎来了前所未有的发展机遇。为了满足游客的多样化需求，广西各地纷纷推出了具有地方特色的美食和住宿体验，如桂林米粉、阳朔西街客栈等，这些产品和服务不仅丰富了游客的旅行体验，也提高了当地的服务业水平。同时，交通产业的发展也紧随其后，随着高铁、高速公路等交通基础设施的不断完善，广西的文旅产业迎来了更加广阔的发展空间。这些产业的发展不仅提高了当地的经济水平，也为居民创造了更多的就业机会，促进了社会的稳定和繁荣。

文化遗产的旅游开发不仅促进了经济的发展，还提高了公众的参与度，增强了社会对文化遗产的关注和尊重。通过旅游活动，更多的游客和公众能够接触到广西的文化遗产，深入了解这些遗产背后的历史和文化内涵。这种亲身体验和深入了解，不仅让游客对广西的文化有了更加全面和深刻的认识，也激发了他们对传统文化的兴趣和热爱。

在未来的发展中，广西将继续坚持保护与开发并重的原则，推动文旅产业的创新发展，为构建文化遗产旅游的新格局而不懈努力。

三、推动文创产品设计与国际合作

广西，这片位于中国南部的多元文化沃土，以其丰富的文化遗产为文创产品设计提供了无尽的灵感源泉。南宁、柳州、桂林等城市，作为广西的文化中心，通过深入挖掘当地独特的文化遗产资源，不仅设计出了具有浓郁地方特色的文创产品，还在国际舞台上展现了中国文化的魅力。

广西的文化遗产丰富多彩，涵盖了历史、民族、艺术等多个领域。从南宁的青秀山、柳州的柳侯公园到桂林的漓江、阳朔的西街，每一处都蕴含着深厚的文化底蕴和独特的地域特色。这些文化遗产不仅为广西的文创产品设计提供了丰富的素材和灵感，还成了推动地方经济发展的重要力量。以南宁为例，当地的壮锦、铜鼓等传统文化元素被巧妙地融入文创产品中，如壮锦布艺的饰品、家居用品和时尚配件等，这些产品不仅展现了广西独特的文化魅力，还通过线上线下的销售渠道，将广西的文化遗产传播到了更广泛的受众中，促进了文化的传承与交流。在广西的文创产品设计中，创新与多样化成了推动产业发展的关键。设计师不仅深入挖掘了当地的文化遗产资源，还结合现代审美和市场需求，设计出了一系列既具有文化内涵又符合市场需求的文创产品。例如，柳州的一些文创产品结合当地的工业遗产元素，将旧时的工厂建筑、机器设备等转化为具有现代设计感的艺术品和家居用品，既保留了历史的记忆，又赋予了新的生命。同时，随着数字化技术的发展，广西的文创产品也开始向数字化方向转型，如利用增强现实、虚拟现实、混合现实等技术打造的文化遗产虚拟体验项目，不仅丰富了游客的体验方式，也为文创产品的创新提供了新的思路。

为了推动文创产业的国际化发展，广西积极寻求与国际知名文化机构和企业的合作。例如，与国外的博物馆、艺术院校等建立合作关系，共同开展文化遗产的保护与研究工作，以及文创产品的设计与开发工作。这些合作项目不仅为广西的文创产业带来了新的设计理念和技术支持，还推动了广西文创产品的国际化进程。通过与国际市场接轨，广西的文创产品得以更好地融入全球文化产业体系，实现文化的交流与互鉴。为了推动文创产业的持续发展，广西壮族自治区政府出台了一系列政策措施，为文创产业提供了有力的支持。例如，设立文创产业发展基金、提供税收优惠等，为文创企业提供了良好的发展环境。同时，广西还注重培养文创产业人才，通过举办创意大赛、设计培训等活动，发掘和培养了一批具有创新精神和设计能力的年轻设计师。这些人才成为了推动广西文创产业发展的重要力量，为文创产品的设计与创新提供了源源不断的动力。此外，广西还加强了与东盟国家在文化遗产和文创产品设计方面的交流与合作。作为中国—东盟博览会的永久会址，广西在加强与东盟国家的文化交流与合作方面具有得天独厚的优势。博览会不仅为广西的文创产品提供了展示和销售的平台，还促进了广西与东盟国家在文化领域的深入交流与合作。通过举办文化论坛、艺术展览等活动，广西与东盟国家的文化界人士得以相聚一堂，共同探讨文化产业的未来发展趋势和合作机遇。这些活动不仅提高了广西在国际舞台上的知名度和影响力，还为广西的文化遗产走向世界提供了更多的机会和平台。通过这些努力，广西有望构建一个以文化遗产为核心、以文创产品为载体、以国际合作为纽带的文创产业国际合作新格局。在这个格局中，广西的文创产业将不仅成为推动地方经济发展的重要力量，还将成为中国文化走向世界的重要窗口和桥梁。

广西的文创产品设计与国际合作在推动文化传承与交流、促进地方经济发展方面发挥了重要作用。未来，随着全球文化产业的不断发展和广西文创产业的持续创新与发展，我们有理由相信，广西的文创产业将在中国乃至全球的文化产业中占据更加重要的地位。

第二节 传统民俗活动对文旅品牌建设的促进作用

一、增强文旅品牌的独特性和吸引力

在文化旅游日益盛行的今天，如何打造一个具有独特性和吸引力的文旅品牌，成为各地旅游业发展的重要课题。传统民俗活动作为一个地区或民族在长期历史发展过程中形成的独特文化现象，具有深厚的历史底蕴、丰富的地方特色和鲜明的民族风情。将传统民俗活动融入文旅品牌建设，不仅能够凸显旅游目的地的文化特色，还能增强游客对旅游目的地的兴趣和向往，进而提高文旅品牌的知名度和吸引力。

传统民俗活动是一个地区或民族在历史长河中形成的独特文化瑰宝，它们与当地的自然环境、历史背景、宗教信仰、生活习惯等紧密相连，共同构成了丰富多彩的文化景观。这些活动往往具有鲜明的地域特征和民族特色，如广西的壮族三月三、云南的泼水节、贵州的苗族银饰节等，都是各自民族文化的集中体现。这些活动的独特性不仅在于它们的形式和内容，更在于它们所蕴含的文化内涵和精神价值，这使得它们具有很高的辨识度，能够迅速吸引游客的注意。将传统民俗活动融入文旅品牌建设，是提高旅游目的地吸引力的有效手段。通过举办传统节日庆典、民俗表演、手工艺展示等活动，可以充分展示当地的文化特色，让游客在参与和体验中感受到浓厚的文化氛围。例如，广西的壮族三月三，通过举办歌圩、对歌、打铜鼓等传统活动，展示了壮族的舞蹈、音乐、服饰等民俗文化，吸引了大量游客前来体验，有效提高了当地文旅品牌的知名度和吸引力。这些活动不仅丰富了游客的旅游体验，还促进了当地文化的传承与发展。在将传统民俗活动融入文旅品牌建设的过程中，创新与发展是不可或缺的。一方面，需要对传统民俗活动进行挖掘和整理，保留其最核心的文化元素和精神内涵；另一方面，需要结合现代审美和市场需求，对活动形式和内容进行创新，使其更加符合现代游客的口味。例如，可以通过数字化技术对传统民俗活动进行记录和展示，让游客在虚拟环境中体验传统民俗活动的魅力。同时，还可以将传统民俗活动与现代旅游业态相结合，如开发民俗主题酒店、民俗特色餐饮等，为游客提供更加丰富的旅游体验。

传统民俗活动与旅游产业的融合发展是实现文旅品牌提高的关键。通过将传统民俗活动纳入旅游线路规划，将民俗文化资源转化为旅游产品，可以推动旅游产业的转型升级。例如，可以开发以传统民俗活动为主题的旅游线路，如“壮族三月三文化旅游节”“苗族银饰文化旅游节”等，将民俗文化资源与旅游资源进行深度融合，打造具有独特魅力的文旅品牌。同时，还可以通过举办民俗文化旅游节、民俗文化论坛等活动，加强民俗文化与旅游产业的交流与合作，推动文旅产业的融合发展。

传统民俗活动与文旅品牌建设的深度融合是推动旅游业高质量发展的重要方向。一方面，需要继续挖掘和整理传统民俗活动资源，丰富文旅品牌的文化内涵和表现形式；另一方面，需要加大对传统民俗活动的创新与发展力度，推动其与现代旅游业态的深度融合。同时，还需要加强国际交流与合作，将广西传统民俗活动推向世界舞台，展示广西文化的独特魅力和深厚底蕴。通过这些努力，相信广西传统民俗活动将在文旅品牌建设过程中发挥更加重要的作用，为旅游业的繁荣发展贡献更多的力量。

传统民俗活动作为文化旅游的重要资源，具有极高的独特性和辨识度。将传统民俗活动融入文旅品牌建设，不仅可以凸显旅游目的地的文化特色，还能增强游客对旅游地的兴趣和向往。

二、丰富文旅品牌的文化内涵和体验深度

在当今的旅游市场中，文化内涵和体验深度已成为衡量文旅品牌吸引力的重要标准。传统民俗活动作为地方文化和民族智慧的结晶，不仅具有极高的观赏价值，更蕴含着丰富的文化内涵和深厚的历史底蕴。通过参与这些活动，游客可以深入了解当地的历史文化、风土人情和民俗传统，从而获得更加深刻的旅游体验。

传统民俗活动是一个地区或民族在长期历史发展过程中形成的独特文化现象，它们与当地的历史、地理、宗教、习俗等紧密相连，共同构成了丰富多彩的文化景观。这些活动不仅展示了地方文化的独特魅力，更蕴含着深厚的历史底蕴和文化内涵。例如，壮族板鞋舞、瑶族“上刀山”等，都是中华民族传统文化的生动体现。这些活动背后所蕴含的历史故事、文化寓意和民俗传统，为游客提供了深入了解当地文化的窗口，使旅游体验更加丰富和深刻。在文旅品牌的建设过程中，可以充分依托传统民俗活动，打造具有文化内涵和体验深度的旅游产品。这不仅能提高旅游产品的附加值和竞争力，还

能为游客提供更加多元化和个性化的旅游体验。具体而言，可以开发以传统节日为主题的旅游线路，组织游客参与节日庆典、民间技艺展示、民俗体验等活动。通过这些活动，游客可以在亲身体验中感受传统文化的魅力，加深对地方文化的了解和认识。

在丰富文旅品牌的文化内涵和体验深度的过程中，需要提高旅游产品的互动性和参与性。传统民俗活动往往具有极高的参与性和互动性，游客可以通过参与活动，与当地居民进行文化交流，深入了解当地的文化和生活方式。在开发旅游产品时，应注重游客的参与和互动体验。例如，可以组织游客参与民间技艺的学习和实践，如剪纸、刺绣、陶艺等，让游客在动手实践中感受传统文化的魅力；还可以邀请当地民间艺人进行表演和教学，如舞狮、舞龙、戏曲等，让游客在欣赏和学习中了解地方文化的精髓。通过这些活动，游客不仅可以获得更加深刻的旅游体验，还能促进地方文化的传承与发展。

在丰富文旅品牌的文化内涵和体验深度的过程中，需要深入挖掘和整合地方文化资源。每个地方都有其独特的文化资源和历史底蕴，这些资源是打造具有文化内涵和体验深度的旅游产品的关键。在开发旅游产品时，应注重挖掘和整合地方文化资源，如历史遗迹、民间传说、非物质文化遗产等。例如，可以依托当地的历史遗迹和博物馆，推出“文化探秘之旅”旅游线路，带领游客了解地方历史和文化的发展脉络；还可以邀请当地的文化专家和学者开展讲座和交流，让游客在深入了解和体验地方文化的同时，也能感受到文化的厚重和深远。通过这些活动，游客可以更加全面地了解地方文化，提高旅游体验的深度和广度。

在丰富文旅品牌的文化内涵和体验深度的过程中，还需要注重文化产品的创新和升级。随着游客需求的不断变化和升级，传统的文化产品已经难以满足游客的需求。在开发旅游产品时，应注重创新和升级，以满足游客的多元化和个性化需求。例如，可以依托传统民俗活动，开发具有地方特色的文化创意产品，如手工艺品、纪念品、特色美食等，让游客在欣赏和品尝中感受地方文化的独特魅力；还可以利用现代科技手段，打造具有沉浸感和互动性的文化旅游产品，让游客在虚拟环境中体验传统文化的魅力。通过这些创新和升级，可以进一步丰富文旅品牌的文化内涵和体验深度，提高旅游产品的吸引力和竞争力。

传统民俗活动在丰富文旅品牌的文化内涵和体验深度方面具有独特的价值和作用。通过依托传统民俗活动打造文化旅游产品、提高旅游产品的互动性和参与性、挖掘和整合地方文化资源、注重文化产品的创新和升级等措施的实施，可以进一步丰富文旅品牌的文化内涵和体验深度，提高旅游产品的附加值和竞争力，为游客提供更加多元化和个性化的旅游体验。

三、促进文旅品牌的传播和推广

在当今全球化的时代背景下，文旅品牌的传播与推广已成为推动地方经济发展的重要力量。传统民俗活动作为地方文化和民族智慧的瑰宝，不仅承载着深厚的历史文化底蕴，还具备广泛的群众基础和参与度，成为促进文旅品牌传播和推广的重要抓手。

传统民俗活动深深植根于地方民众的日常生活之中，是当地文化传承和社会认同的重要体现。这些活动往往具有鲜明的地域特色和民族风情，能够激发民众的归属感和自豪感，吸引大量民众积极参与。例如，万人山歌对唱、五色糯米饭宴、板鞋竞速等，都是民众广泛参与的传统民俗活动。通过举办这些活动，不仅能够增强民众的凝聚力，还能够吸引游客和媒体的关注，为文旅品牌的传播与推广提供广泛的群众基础和参与热度。传统民俗活动因其独特的文化内涵和丰富的表现形式，往往能够吸引媒体的广泛关注。无论是报纸、电视还是网络新媒体，都热衷于报道这些充满地域特色和民族风情的活动。媒体的广泛报道不仅能够提高活动的知名度和影响力，还能够为文旅品牌带来大量的曝光机会。通过媒体的镜头和笔触，传统民俗活动的魅力得以充分展现，进而吸引更多游客前来体验和了解，为文旅品牌的传播与推广提供强有力的媒体支持。传统民俗活动不仅是地方文化的展示窗口，更是与其他地区进行文化交流与合作的重要平台。通过参与或举办跨地区的民俗活动，可以加强与其他地区的文化联系和互动，增进彼此之间的了解和友谊。例如，通过举办国际性的民俗文化节、民间艺术交流展等活动，可以吸引来自世界各地的游客和参与者，共同分享和体验不同地区的民俗文化。这种跨文化的交流与合作不仅能够丰富文旅品牌的文化内涵，还能够提高其在国际舞台上的知名度和影响力，推动文旅品牌的国际化发展。

在促进文旅品牌传播与推广的过程中，传统民俗活动的创意转化与创新发展同样至关重要。通过深入挖掘传统民俗活动的文化内涵和独特价值，可以将其转化为具有现代感和创新性的文旅产品。例如，将传统手工艺、民间舞蹈、民间音乐等元素融入现代旅游产品中，打造出独具特色的文旅体验项目。这种创意转化不仅能够满足游客的多元化需求，还能够提高文旅品牌的附加值和竞争力。同时，通过创新性的宣传和推广手段，如社交媒体营销、虚拟现实体验等，可以进一步扩大文旅品牌的知名度和影响力，吸引更多游客前来体验和感受。

在促进文旅品牌传播与推广的过程中，还需要注重传统民俗活动的可持续发展与品牌建设。传统民俗活动作为地方文化的瑰宝，需要得到妥善保护和传承。通过加强文化遗产保护、培养传承人队伍、推广非遗技艺等措施，可以确保传统民俗活动的传承与发展。同时，将传统民俗活动与文旅品牌建设相结合，通过打造具有地域特色和民族风情的文旅品牌，可以进一步提高其在市场中的竞争力和影响力。例如，通过举办定期的民俗节庆活动、打造特色文旅小镇等措施，可以形成独特的文旅品牌体系，吸引更多游客前来体验和感受地方文化的魅力。

在促进文旅品牌传播与推广的过程中，传统民俗活动与现代科技的融合应用同样具有重要意义。通过利用现代科技手段，可以为传统民俗活动注入新的活力和魅力。例如，通过虚拟现实技术重现传统民俗活动的场景和氛围，让游客在虚拟环境中体验传统文化的魅力；通过增强现实技术将传统手工艺、民间舞蹈等元素融入现代旅游产品中，为游客提供更加丰富多彩的文旅体验；等等。这种传统与现代相结合的方式不仅能够提高文旅品牌的知名度和影响力，还能够推动地方文化的传承与发展。

传统民俗活动在促进文旅品牌传播与推广中发挥着举足轻重的作用。通过深入挖掘传统民俗活动的文化内涵和独特价值、加强与其他地区的文化交流与合作、注重创意转化与创新发展，以及实现可持续发展与品牌建设，同时与现代科技融合应用，可以进一步提高文旅品牌的知名度和影响力，推动地方文化的传承与发展，为地方经济发展注入新的活力和动力。

第三节　少数民族文化元素在文旅产品开发中的应用

一、提高文旅产品的文化内涵和独特性

在文旅产品的开发与推广过程中，少数民族文化元素无疑是一座取之不尽、用之不竭的宝库。它们不仅承载着丰富的历史记忆、艺术瑰宝和独特的民族风情，更是提高文旅产品文化内涵和独特性的关键所在。通过将少数民

族的风俗习惯、节日庆典、服饰、手工艺、音乐舞蹈等文化元素深度挖掘并巧妙融入文旅产品中，我们不仅能够打造出具有鲜明民族特色和浓郁地方风情的文旅产品，更能满足游客对异域文化的深度探索需求，促进文旅产业的持续繁荣与发展。

少数民族的风俗习惯和节日庆典是其文化的重要组成部分，它们蕴含着丰富的民族情感和历史记忆。在文旅产品的开发中，我们可以尝试将这些风俗习惯和节日庆典以场景再现、互动体验等方式融入产品中，让游客在参与中体验少数民族文化的独特魅力。通过打造相关的文旅产品，如苗族银饰等工艺品，不仅能够让游客在住宿和购物中感受到节日的氛围，还能通过亲身体验加深对少数民族文化的了解和认同。少数民族的服饰和手工艺是其文化的重要载体，它们以其独特的艺术风格和精湛的制作工艺著称。在文旅产品的开发中，我们可以将少数民族的服饰和手工艺元素进行传承与创新，打造出既具有民族特色又符合现代审美的文旅产品。例如，将壮族的织锦等手工艺元素融入现代服饰设计中，打造出具有民族风情的时尚单品。

少数民族的音乐和舞蹈是其文化的重要组成部分，它们以其独特的旋律、节奏和表演形式著称。在文旅产品的开发中，我们可以尝试将少数民族的音乐和舞蹈元素以演绎与传播的方式融入产品中，如打造民族风情音乐会、舞蹈表演等文旅产品，让游客在欣赏中感受到少数民族文化的艺术魅力。同时，我们也可以将这些音乐和舞蹈元素融入旅游景区的背景音乐、表演节目中，营造出浓郁的民族文化氛围，提高游客的旅游体验。少数民族地区的自然景观与人文景观往往相得益彰，共同构成了其独特的旅游资源。在文旅产品的开发中，我们可以尝试将自然景观与人文景观进行深度融合，打造出具有民族特色的旅游线路和产品。例如，将广西的桂林山水与壮族的民族风情相结合，打造出具有民族特色的山水田园旅游线路。这种自然景观与人文景观的深度融合，不仅能够提高文旅产品的文化内涵和独特性，还能让游客在游览中感受到少数民族文化的深厚底蕴。在文旅产品的开发中，我们还可以尝试将文化教育与旅游体验进行融合，打造出具有教育意义的文旅产品。例如，通过打造民族文化博物馆、民族文化体验基地等文旅产品，让游客在参观和体验中了解少数民族的历史、文化、艺术等方面的知识。同时，我们也可以邀请少数民族的文化传承人、艺术家等现场表演和传授技艺，让游客在互动中学习和体验少数民族文化的独特魅力。这种文化教育与旅游体验的融合，不仅能够提高文旅产品的文化内涵和独特性，还能让游客在旅游中增长知识、拓宽视野。

少数民族文化元素是提高文旅产品文化内涵和独特性的重要资源。通过将宗教信仰、风俗习惯、节日庆典、服饰手工艺、音乐舞蹈等文化元素深度挖掘并巧妙融入文旅产品中，我们不仅能够打造出具有鲜明民族特色和浓郁地方风情的文旅产品，还能满足游客对异域文化的深度探索需求，促进文旅产业的持续繁荣与发展。

二、增强文旅产品的市场竞争力和吸引力

在当今文旅市场竞争日益激烈的背景下，如何使文旅产品脱颖而出，成为吸引游客的焦点，是每个文旅从业者都需要深入思考的问题。而少数民族文化元素的应用，无疑为文旅产品的开发提供了一条独特的路径。这些元素以其丰富的文化内涵和独特的民族特色，不仅能够增强文旅产品的市场竞争力，还能激发游客的好奇心和探索欲，从而吸引他们前来体验，为当地经济发展注入新的活力。

第一，少数民族文化元素是打造具有民族特色旅游线路和产品的关键。通过深入挖掘和提炼少数民族的历史、风俗、艺术等元素，我们可以设计出独具魅力的旅游线路和产品。同时，还可以开发相关的纪念品和手工艺品，如彝族服饰、火把节纪念品等，以满足游客的购物需求。这样的旅游线路和产品，不仅具有鲜明的民族特色，还能让游客在体验中感受到少数民族文化的独特魅力，从而增强文旅产品的市场竞争力。

第二，少数民族文化元素可以显著提高文旅产品的文化内涵和体验价值。通过将少数民族的宗教信仰、传统习俗、音乐舞蹈等文化元素融入文旅产品中，我们可以打造出具有深厚文化底蕴的旅游体验。例如，在苗族村寨中，游客可以欣赏到苗族的传统歌舞表演，品尝到地道的苗族美食，甚至参与到苗族的传统节日和仪式中。这样的体验，不仅让游客对苗族文化有了更深入的了解，还能让他们感受到苗族人民的热情好客和淳朴善良。这种深度体验，不仅提高了文旅产品的文化内涵，还增强了游客的满意度和忠诚度，为文旅产品的市场竞争力提供了有力支撑。

第三，少数民族文化元素可以为文旅产品的营销方式带来创新。通过利用互联网、社交媒体等新媒体平台，我们可以将少数民族文化元素以图文、视频、直播等多种形式进行传播和推广，吸引更多游客的关注和兴趣。同时，我们还可以邀请少数民族的文化传承人、艺术家等作为文旅产品的代言人或

形象大使，通过他们的讲述和表演，让游客更加直观地感受到少数民族文化的独特魅力。这种创新的营销方式，不仅提高了文旅产品的知名度和影响力，还增强了游客对少数民族文化的认知和认同，为文旅产品的市场竞争力注入了新的活力。

第四，少数民族文化元素可以促进文旅产业的融合发展。通过将少数民族文化元素与旅游、文化、农业、手工业等产业进行深度融合，我们可以打造出具有多元价值的文旅产品。例如，在广西的壮族地区，我们可以将壮族的歌圩文化、稻作文化等元素与乡村旅游、休闲农业等产业相结合，打造出具有浓郁民族特色的乡村旅游产品。这样的产品，让游客在欣赏乡村美景的同时，还能体验到壮族文化的独特魅力，从而实现了文旅产业的融合发展。这种融合发展，不仅拓宽了文旅产品的市场空间，还为当地经济的发展提供了新的增长点。

第五，少数民族文化元素可以提高文旅产品的国际化水平。随着全球化的深入发展，越来越多的外国游客开始对中国少数民族文化产生浓厚的兴趣。我们可以将少数民族文化元素以国际化的视角进行包装和推广，打造出具有国际吸引力的文旅产品。例如，我们可以将山歌、壮锦等元素与国际旅游市场相结合，打造出具有国际知名度的旅游节庆活动和旅游产品。这样的产品，不仅能够吸引大量外国游客前来体验，还能提高中国少数民族文化在国际上的知名度和影响力。这种国际化水平的提高，不仅增强了文旅产品的市场竞争力，还为中国文化的国际传播作出了积极贡献。

第六，少数民族文化元素可以推动文旅产业的可持续发展。通过深入挖掘和提炼少数民族文化元素，我们可以打造出具有独特魅力的文旅产品，吸引更多游客前来体验和消费。这不仅为当地经济发展带来了新的增长点，还促进了少数民族文化的传承和发展。同时，我们还可以将文旅产业的发展与生态环境保护、社会公益事业等相结合，实现经济效益、社会效益和生态效益的协调发展。这种可持续发展模式，不仅增强了文旅产品的市场竞争力，还为当地社会的全面进步作出了积极贡献。

少数民族文化元素的应用对于增强文旅产品的市场竞争力和吸引力具有重要意义。通过打造具有民族特色的旅游线路和产品、提高文旅产品的文化内涵和体验价值、创新文旅产品的营销方式、促进文旅产业的融合发展、提高文旅产品的国际化水平以及推动文旅产业的可持续发展等措施的实施，我们可以让文旅产品在激烈的市场竞争中脱颖而出，成为吸引游客的焦点和亮点。

第四节 文化传承与文旅市场竞争力提高的互动机制

一、文化传承为文旅市场竞争力提供核心动力

在当今这个全球化和信息化的时代，文化旅游已成为旅游业的重要组成部分。它不仅仅是简单的观光游览，更是一种深度的文化体验和精神追求。而文化传承作为文旅产业的核心动力，正以其独特的魅力，不断推动文旅市场的繁荣发展。

第一，文化传承包含了深厚的历史积淀、独特的民族风情和丰富的艺术资源，这些都是文旅产品不可或缺的重要元素。将这些元素巧妙地融入文旅产品中，不仅可以丰富产品的文化内涵，还能使产品更具吸引力和竞争力。例如，在开发旅游线路时，可以深入挖掘当地的历史故事、传说和民俗文化，设计出具有独特魅力的主题旅游线路，如“古城探秘”“民俗风情体验”等。这些线路不仅能够满足游客对新鲜事物的追求，还能让他们在旅途中感受到浓厚的历史文化氛围，从而获得更深层次的旅游体验。

第二，文化传承还可以为文旅产品提供差异化的竞争优势。在旅游市场竞争日益激烈的今天，同质化的产品已经难以吸引游客的眼球。而融入文化传承的文旅产品，由于其独特性和不可复制性，往往能够脱颖而出，成为游客的首选。这种差异化竞争优势，不仅能够提高产品的市场占有率，还能为文旅产业的可持续发展奠定坚实的基础。

第三，文化传承是塑造文旅品牌形象的关键因素。一个具有鲜明文化特色的旅游目的地，往往能够给游客留下深刻的印象，并激发他们的再次游览意愿。

第四，文化传承的融入，可以极大地丰富游客的旅游体验。通过参与文化体验活动，游客可以更深入地了解当地的文化和历史，感受不同的文化氛围和生活方式。这种独特的体验往往成为游客回忆中的重要部分，也是他们再次选择该地作为旅游目的地的重要原因。在增强游客体验方面，我们可以结合当地的文化特色，设计一系列具有趣味性和互动性的文化体验活动。例如，可以邀请当地的文化传承人进行表演和教学，让游客亲身感受传统文化

的魅力；也可以设置文化体验工坊，让游客亲手制作当地的传统工艺品或美食等。这些活动不仅能让游客在游览过程中获得乐趣和成就感，还能让他们更深入地了解当地的文化和历史背景。

第五，文化传承还可以促进文旅融合发展。通过将文化传承与旅游、文化、农业、教育等产业相结合，我们可以打造出具有多元化特色的文旅产品体系。例如，可以开发“文化+农业”的乡村旅游产品，让游客在体验乡村生活的同时感受传统文化的魅力；也可以开展“文化+教育”的研学旅行项目，让青少年在游览过程中接受传统文化的熏陶和教育。这些融合发展的文旅产品不仅能够满足游客的多样化需求，还能为当地经济的多元化发展提供有力支撑。

第六，文化传承并不是一成不变的，它需要与时俱进、不断创新。通过推动文化传承创新，我们可以为文旅产业注入新的活力和动力。例如，可以将传统文化与现代科技相结合，利用虚拟现实、增强现实等先进技术打造数字化的文化体验场景；也可以将传统文化与时尚元素相融合，设计出具有时尚感和创意性的文旅产品。在推动文化传承创新的过程中，我们需要注重保护和传承传统文化的精髓和核心价值。同时，我们也要积极引入新的创意和元素，为传统文化注入新的生命力和活力。这种创新不仅是对传统文化的尊重和保护，更是对文旅产业的未来发展负责。

第七，文化传承的融入不仅可以提高文旅产品的文化内涵和吸引力，还可以加强不同文化之间的交流与合作。通过举办文化交流活动、建立文化旅游合作机制等方式，我们可以拓展文旅市场的发展空间，为文旅产业的国际化发展提供有力支持。在加强文化交流与合作方面，我们可以积极引进国外的先进文化理念和旅游经验，借鉴其成功的做法和模式；同时，我们也要主动走出去，向国际社会展示中国的传统文化和文旅资源。通过这种双向的文化交流与合作，我们可以不断提高中国文旅产业的国际影响力和竞争力。此外，我们还可以加强与其他国家和地区的旅游合作，共同开发跨境旅游线路和产品。通过合作开发、共同推广等方式，我们可以将中国的传统文化和文旅资源推向更广阔的国际市场，为文旅产业的国际化发展开辟新的道路。

文化传承作为文旅市场的核心动力之一，正以其独特的魅力推动着文旅产业的繁荣发展。通过丰富文旅产品内涵、增强游客体验、推动文化传承创新、加强文化交流与合作等措施的实施，我们可以为文旅产业的可持续发展提供有力支撑和保障。

二、文旅市场的繁荣促进文化的传承与发展

在全球化与信息化交织的今天，文旅市场的竞争日益激烈，但正是这样的竞争环境，为文化的传承与发展提供了前所未有的机遇。

第一，文旅市场的繁荣不仅推动了文化的创新与传播，还为文化的持续传承提供了坚实的经济基础。文旅市场的竞争如同一场没有硝烟的战争，各个旅游目的地都在努力寻找自己的独特卖点，以吸引游客的目光。在这场竞争中，文化传承成了不可或缺的创新源泉。旅游开发者深入挖掘当地的历史文化、民俗风情、传统艺术等资源，将这些元素融入旅游产品设计中，创造出新颖、独特的旅游体验。例如，通过复原古代建筑、举办传统节日庆典、展示传统手工艺等方式，不仅让游客能够亲身感受文化的魅力，还促进了文化的活态传承。同时，市场竞争也激发了文化创新的活力。为了适应游客日益多样化的需求，旅游目的地不断创新旅游产品形式，如文化研学旅行、非物质文化遗产体验游等，这些新型旅游产品不仅丰富了旅游市场，也为文化传承注入了新的活力。通过与现代科技的结合，如虚拟现实技术、数字博物馆等，传统文化得以以更加生动、直观的方式呈现给游客，进一步推动了文化的传承与创新。文旅市场竞争力的提高，意味着旅游目的地的知名度和吸引力也在不断提高。这不仅吸引了大量的国内游客，还吸引了众多国际游客前来游览。

第二，游客的流动，带动了文化的交流与传播，使得文化传承的影响力得以扩大。游客在游览过程中，会亲身体验到当地的文化氛围，了解当地的历史故事和传说，感受当地人的生活方式和习俗。这些经历会成为他们宝贵的记忆，并通过口碑传播、社交媒体分享等方式，将文化传承的信息传递给更多的人。特别是在社交媒体盛行的今天，一张张照片、一段段视频，都能迅速在网络上引起关注，从而扩大文化传承的影响力。此外，旅游目的地的宣传推广活动，如旅游节、文化节等，也是扩大文化传承影响力的重要手段。这些活动不仅吸引了游客的参与，还吸引了媒体和公众的关注，为文化传承提供了更广阔的展示平台。

第三，文旅市场的繁荣，不仅带来了游客的涌入，还带来了经济的增长。旅游产业的发展，带动了餐饮、住宿、交通、购物等相关产业的发展，为当地创造了大量的就业机会和收入来源。这些经济收益，为文化传承提供了必要的资金和资源保障。在文化传承方面，资金的支持至关重要。无论是文化

遗产的保护与修复，还是非物质文化遗产的传承与发展，都需要大量的资金投入。文旅市场的繁荣，为这些文化项目提供了稳定的资金来源，使文化传承工作得以顺利进行。经济的发展也为文化传承创造了更加有利的条件。随着当地经济的多元化和可持续发展，文化传承的生态环境得到了改善，文化资源的保护意识得到了增强，文化产业的竞争力得到了提高。这些都有利于文化传承的长期稳定发展。

第四，文旅市场的繁荣，不仅推动了文化的传承与创新，还促进了文化的多样性与包容性。在旅游过程中，游客来自不同的地区和文化背景，他们带来的不仅是经济收益，还有文化的交流与融合。通过与游客的互动，当地居民可以了解到不同地区的文化传统和价值观念，从而拓宽视野，增强对不同文化的理解和尊重。这种文化的交流与融合，有助于打破地域和文化的隔阂，促进文化的多样性与包容性。旅游目的地的文化展示和体验活动，也是促进文化交流的重要平台。通过举办文化节庆、艺术展览、民俗表演等活动，可以让游客更加深入地了解当地的文化特色和历史背景，从而增进对当地文化的认同感和归属感。

第五，文旅市场的繁荣，不仅为文化传承提供了经济支持，还提高了当地居民的文化自觉与自信。在旅游过程中，游客对当地文化的认可和赞赏，让当地居民更加珍视自己的文化传统，增强了文化自信。文化自信的提高，有助于推动文化的传承与发展。当地居民会更加积极地参与文化传承活动，如学习传统手工艺、传承非物质文化遗产等，从而推动文化的活态传承。同时，他们也会更加关注文化资源的保护与利用，为文化的可持续发展贡献自己的力量。文化自信的提高，还有助于推动文化的创新与发展。当地居民会更加敢于尝试新的文化表现形式和创意产品，从而推动文化的创新与发展。这种创新不仅丰富了文化的内容与形式，还为文化的传承与发展注入了新的活力。

第六，文旅市场的繁荣，推动了文化与旅游产业的深度融合。这种融合不仅提高了旅游产品的文化内涵和附加值，还为文化的传承与发展提供了新的路径和模式。在文旅融合发展的过程中，旅游目的地注重挖掘和整合文化资源，将文化与旅游紧密结合在一起。通过打造文化主题景区、开发文化旅游线路、举办文化旅游节庆活动等方式，将文化元素融入旅游产品中，提高旅游产品的文化内涵和吸引力。文旅融合发展还促进了文化产业与旅游产业的相互渗透和协同发展。文化产业为旅游产业提供了丰富的文化资源和创意产品，而旅游产业则为文化产业提供了广阔的市场空间和展示平台。这种产业融合效应，不仅推动了文化的传承与创新，还促进了当地经济的多元化和可持续发展。

文旅市场竞争力的提高为文化传承与发展提供了重要的推动力和保障。通过推动文化传承与创新、扩大文化传承的影响力、为文化传承提供经济支持、促进文化多样性与包容性、提高文化自觉与自信以及构建文旅融合发展新模式等方面的努力，我们可以更好地保护和传承文化遗产，推动文化的繁荣发展。

第四章　文旅融合背景下的产业结构优化路径

第一节　文化产业与旅游产业融合的路径与模式创新

一、融合路径

资源融合是文旅融合发展的基础。为了更有效地实现这一目标，我们需要深入挖掘地方的文化资源和旅游资源，将这些宝贵的文化遗产、自然景观和民俗风情等元素巧妙地融入旅游产品中。这不仅要求我们对资源进行细致的分类和梳理，还需要具备创新的思维和手段，将这些元素以新颖、独特的方式呈现出来，从而提高旅游产品的文化内涵和吸引力。通过资源整合，我们可以打造出具有鲜明地方特色的文旅品牌，如举办富有地域特色的文化旅游节、建设文化主题公园等。这些品牌活动不仅能够吸引大量游客前来参观体验，还能形成文化旅游产业集群效应，带动相关产业的发展，提高地方经济的整体竞争力。为了实现这一目标，政府和企业需要加强合作，共同推动文旅资源的开发与整合。政府可以出台相关政策，提供资金支持和政策引导，鼓励企业积极参与文旅资源的开发和利用。同时，企业也需要发挥自身的创新能力和市场优势，为文旅资源的深度挖掘和整合提供有力支持。

市场融合是文旅融合发展的重要推动力。为了实现文化与旅游市场的深度融合，我们需要共同开拓国内外旅游市场，利用文化节庆、文艺演出等活动吸引游客的注意力，同时借助旅游渠道推广地方文化产品。这种融合不仅有助于提高文化旅游产品的知名度和美誉度，还能促进文化与旅游产业的共同繁荣。在市场融合的过程中，我们需要注重线上线下相结合的方式。线上平台可以通过社交媒体、短视频等新媒体手段进行宣传推广，吸引更多年轻游客的关注和参与。线下平台则可以通过举办文化节庆活动、文艺演出等方式，让游客亲身体验地方文化的魅力。同时，我们还需要加强与国际旅游市场的交流与合作，学习借鉴国际先进的文旅融合发展经验，提高我国文旅产业的国际竞争力。为了实现市场融合的广度拓展与深度挖掘，我们需要加强文旅产业的营销和宣传。

服务融合是文旅融合发展的关键。为了提高文化旅游的服务质量，我们需要打造高品质的文化旅游服务体系。这要求我们在加强文旅公共服务设施建设的同时，还需要注重提高服务质量和管理水平。例如，加强图书馆、文化广场、旅游集散中心等公共服务设施的建设和管理，为游客提供便捷、舒适的文化旅游体验。在服务融合的过程中，我们还需要推动文旅企业的转型升级。通过引进先进技术和管理经验，提高企业的服务质量和管理水平，打造具有国际竞争力的文旅品牌。这些文旅品牌不仅需要在国内市场上占据领先地位，还需要积极开拓国际市场，提高我国文旅产业的国际影响力。

创新驱动是文旅融合发展的核心动力。为了实现文旅产业的持续发展和转型升级，我们需要加强创新驱动的发展策略。这包括推动文旅产业的科技创新、管理创新和文化创新等方面。在科技创新方面，我们可以利用大数据、云计算等先进技术为文旅产业提供智能化、个性化的服务。在管理创新方面，我们可以借鉴国际先进的文旅管理经验和模式，推动文旅产业的转型升级。在文化创新方面，我们可以深入挖掘地方文化的内涵和价值，推动文旅产业的创新发展。同时，我们还可以加强文旅产品的设计和开发工作，将地方文化元素融入旅游产品中，提高旅游产品的文化内涵和附加值。

文旅融合发展是一个长期而复杂的过程。在未来，随着人们生活水平的提高和消费观念的转变，文旅产业将迎来更加广阔的发展空间和更加激烈的市场竞争。因此，我们需要加强对文旅融合发展的未来展望和趋势分析工作。

二、模式创新

“文旅+”融合发展模式，旨在通过跨界合作，实现文化与旅游及相关产业的深度融合，为文旅产业注入新的活力。其中，“文旅+科技”模式，借助虚拟现实、增强现实等前沿技术，为游客打造沉浸式旅游体验。例如，通过虚拟现实技术重现历史场景，让游客身临其境地感受古代文明的辉煌；利用增强现实技术，在景区内设置互动游戏，增强游客的参与感和趣味性。

“文旅+教育”模式，则通过开发文化旅游研学产品，将旅游与知识学习相结合，提高游客的文化素养和审美能力。学校可以组织学生参观历史文化遗址、博物馆等，让学生在游玩中学习历史文化知识，培养学生对传统文化的热爱和尊重。“文旅+农业”模式，则是推动乡村旅游发展的重要途径。通过整合乡村的自然风光、民俗文化等资源，打造具有地方特色的乡村旅游产品，吸引城市居民前来体验乡村生活，感受田园风光。这种模式不仅有助于提高乡村经济的整体水平，还能促进城乡文化的交流与融合。例如，可以举办乡村文化节、采摘节等活动，让游客在体验乡村生活的同时，也能感受到乡村文化的独特魅力。

非物质文化遗产是中华民族宝贵的文化财富，也是旅游产业的重要资源。将非物质文化遗产与旅游产业相结合，不仅能为游客提供更加丰富多彩的旅游体验，还能促进非物质文化遗产的保护和传承。通过打造非遗旅游线路和非遗旅游产品，如非遗表演、非遗手工艺体验等，让游客在游玩的过程中，近距离感受非物质文化遗产的魅力。这些活动不仅能满足游客对传统文化的探索需求，还能为他们提供独特的文化体验。同时，通过旅游市场实现非物质文化遗产的经济价值转化，可以为非遗传承人提供更多就业机会和经济收益。例如，可以邀请非遗传承人在景区内进行手工艺表演和教学，或者将非遗产品作为旅游纪念品进行销售。这样既能提高非物质文化遗产的知名度和影响力，又能为非遗传承人创造更多的经济收益，实现非物质文化遗产的可持续发展。

随着人们文化需求的不断提高和消费升级的持续推进，文旅产业将更加注重文化内涵和品质的提高。因此，我们需要不断关注市场动态和技术变化，及时调整和优化文旅融合发展模式，以适应不断变化的市场需求和消费者需求。

第二节　文旅融合助推广西乡村振兴的实践探索

一、挖掘地域特色资源，打造文旅品牌

广西，这片位于中国南疆的神奇土地，以其得天独厚的自然资源和丰富多彩的文化特色，成了文旅融合发展的沃土。从北到南，广西的自然景观如

同画卷般展开，桂林山水甲天下，以其独特的喀斯特地貌吸引着无数国内外游客；北海银滩则以绵延数十里的洁白沙滩和清澈海水，成了夏日避暑的天堂；而龙胜龙脊梯田，则以其层层叠叠、错落有致的壮美景观，展现了人与自然和谐共生的智慧。

除了自然景观，广西的民族文化更是独树一帜。壮族、苗族、瑶族等少数民族在这片土地上繁衍生息，各自保留着独特的民俗文化。从壮族的歌圩节到苗族的芦笙节，从瑶族的盘王节到侗族的大歌，这些丰富多彩的民族文化活动，不仅展示了广西各民族的独特风情，也是吸引游客的重要文化旅游资源。在文旅融合的背景下，广西各地积极挖掘和整合当地资源，打造了一系列具有地域特色的文旅品牌。桂林市作为广西旅游的龙头，依托其山水风光，发展了漓江游览、阳朔西街、印象·刘三姐等文旅项目。漓江游览以其独特的山水景观和人文底蕴，成了广西旅游的标志性产品；阳朔西街则以其独特的异国情调和浓厚的文化氛围，吸引了众多年轻人和背包客；印象·刘三姐则以其震撼的视觉效果和独特的文化内涵，成了广西文化旅游的又一亮点。龙胜各族自治县则利用龙脊梯田的壮美景观，发展了农耕体验、民族风情展示等乡村旅游项目。游客在这里不仅可以欣赏到梯田的壮丽景色，还可以亲身体验农耕文化，感受少数民族的淳朴生活和热情好客。这种将自然景观与民族文化相结合的乡村旅游模式，不仅为游客提供了全新的旅游体验，也为当地居民带来了可观的经济收益。为了进一步提高地域知名度，促进文化交流与传承，广西各地纷纷举办各类节庆活动。桂林的米粉节就是一个典型的例子。米粉作为桂林的传统美食，不仅深受当地人喜爱，也吸引了大量游客前来品尝。通过举办米粉节，桂林不仅展示了其独特的饮食文化，还为游客提供了一个了解桂林历史文化和风土人情的窗口。

二、推动农文旅融合发展，促进产业升级

广西，作为中国南方的一颗璀璨明珠，拥有丰富的农业资源和独特的自然风光，为农文旅融合发展提供了得天独厚的条件。近年来，广西将农业与文旅产业紧密结合，通过发展休闲农业、乡村旅游等方式，不仅促进了农业产业的转型升级，也为文旅产业注入了新的活力。

在阳朔县，这种融合发展的模式尤为显著。农户们利用自家果园、菜园开展采摘游、农家乐等活动，让游客在享受田园风光的同时，还能亲身体验采摘的乐趣，品尝地道的农家美食。这种“农业+旅游”的模式，不仅为农户

带来了可观的收入，也极大地丰富了游客的旅游体验，实现了农业与文旅产业的双赢。此外，民宿作为乡村旅游的重要组成部分，以其独特的住宿体验和温馨的服务，成了游客们的新宠。广西各地涌现出了一批风格各异、特色鲜明的民宿，如桂林阳朔的竹篱笆民宿、北海的涠洲岛海景民宿等，这些民宿不仅为游客提供了舒适的住宿环境，也成了展示当地文化和风土人情的重要窗口。

在推动农文旅融合发展的过程中，广西注重发挥农业、文化与旅游三者的协同效应。通过整合农村的自然风光、民俗风情、历史文化等资源，与旅游业深度融合，不仅提供了丰富的旅游产品，还提高了乡村旅游的品质与内涵。此外，广西还积极引进现代农业科技，打造特色农业观光园、农耕文化体验基地等，让游客在体验乡村旅游的同时，也能感受到现代农业的魅力。这一系列举措有效促进了农村经济的多元化发展，为乡村振兴注入了新的活力。

第五章　广西文旅品牌建设与营销策略

第一节　地方文化特色在文旅品牌中的塑造与传播

一、塑造

每个地方的文化资源都是其独特的历史、风俗、传统技艺等多方面的结晶，这些资源构成了塑造文旅品牌的深厚土壤。深入挖掘这些文化资源，是打造具有鲜明地方特色的文旅品牌的首要任务。

深入挖掘地方文化特色，意味着要全面梳理地方的历史脉络和文化传承。这包括对地方的历史文献、民间故事、传统技艺、建筑艺术等进行系统性的研究和整理。通过这一过程，可以提炼出具有地方特色的文化元素，如独特的建筑风格、丰富的民俗活动、精湛的手工艺品等。这些元素是构建文旅品牌的核心，它们能够激发游客对地方文化的兴趣和探索欲望。

在塑造文旅品牌的过程中，宣传与推广是必不可少的环节。通过有效的宣传和推广，可以提高文旅品牌的知名度和影响力，吸引更多的游客前来旅游。在宣传方面，可以充分利用各种媒体渠道，进行全方位的宣传报道。可以制作精美的宣传片和海报，展示地方的自然风光和文化特色。同时，也可以邀请知名旅游博主、网红等前来体验和宣传，通过他们的社交媒体平台扩大文旅品牌的知名度和影响力。在推广方面，可以采取多种形式的促销活动，如打折优惠、礼品赠送、抽奖活动等，吸引游客的关注和参与。也可以与旅行社、酒店等旅游企业合作，推出联合促销活动，共同提高文旅品牌的知名度和影响力。此外，还可以利用旅游展会、旅游交易会等平台，进行文旅品牌的展示和推广，与国内外旅游业界进行交流和合作。

在塑造文旅品牌的过程中，游客体验和服务质量是至关重要的因素。只有提供优质的旅游服务和良好的游客体验，才能赢得游客的口碑和忠诚度，进而提高文旅品牌的竞争力。在提高游客体验方面，可以注重旅游产品的创新和升级。通过开发多样化的旅游产品，如定制游、主题游、深度游等，满足不同层次游客的需求和兴趣。同时，也可以注重旅游环境的营造和改善，如加强旅游景区的设施建设和环境整治，提高景区的整体形象和品质。在提高服务质量方面，可以加强旅游从业人员的培训和管理。通过提高从业人员的专业素养和服务意识，确保他们能够为游客提供贴心、专业的服务。同时，也可以建立完善的旅游投诉处理机制，及时解决游客在旅游过程中遇到的问题和困难，保障游客的合法权益。

推动文旅融合发展是塑造文旅品牌的重要方向之一。通过文旅融合，可以拓展文旅品牌的内涵和外延，提高文旅品牌的综合竞争力。在文旅融合方面，可以注重文化与旅游的相互渗透和融合。例如，可以将地方文化元素融入旅游景区的规划和建设中，打造具有文化特色的旅游景区和景点。同时，也可以将旅游元素融入文化活动中，通过举办旅游文化节、文化旅游节等活动，促进文化与旅游的融合发展。此外，还可以推动文旅产业与其他产业的融合发展。例如，可以与农业、林业、体育等产业进行合作，开发乡村旅游、生态旅游、体育旅游等新型旅游产品。这些产品不仅能够丰富文旅品牌的内涵和外延，还能促进地方经济的发展和转型升级。

塑造文旅品牌是一项系统工程，需要深入挖掘地方文化特色、融合文化元素与旅游体验、举办文化活动与展览、强化品牌宣传与推广、注重游客体验与服务质量以及推动文旅融合发展等多个方面的共同努力。只有这样，才能打造出具有鲜明地方特色和独特魅力的文旅品牌，为地方经济的发展和文化的传承作出更大的贡献。

二、传播

在传播文旅品牌的过程中，多渠道宣传推广是至关重要的一环。通过利用传统媒体与新媒体的有机结合，可以更有效地将文旅品牌的信息传递给目标受众，提高品牌的知名度和影响力。

传统媒体如电视、广播、报纸等，在传播文旅品牌方面仍具有不可替代的优势。这些媒体覆盖面广，受众群体稳定，能够直接触达潜在游客。通过制作高质量的旅游宣传片、新闻报道和专题报道，可以生动地展示地方的自然风光、人文景观和文化特色，激发游客的旅游欲望。同时，报纸等纸质媒体也能通过详细的旅游介绍和攻略，为游客提供实用的旅游信息。

新媒体如社交媒体、短视频平台等，在传播文旅品牌方面发挥着越来越重要的作用。这些媒体具有传播速度快、互动性强、用户群体年轻等特点，能够迅速扩大文旅品牌的传播范围和影响力。通过创建官方社交媒体账号，发布精美的旅游图片、视频和文案，可以吸引大量用户的关注和点赞。同时，短视频平台上的旅游短视频也能以直观、生动的方式展示地方的旅游资源和文化特色，激发用户的旅游兴趣。

除了传统媒体和新媒体，还可以利用户外广告、公共交通广告等多种渠道进行宣传推广。在热门商圈、交通枢纽等地点投放旅游广告，可以进一步扩大文旅品牌的曝光度和知名度。品牌 IP 是文旅品牌传播中的重要元素，它能够增强品牌的辨识度和吸引力，提高品牌的知名度和美誉度。通过打造具有地方文化特色的品牌 IP，可以将文旅品牌与游客建立更紧密的情感联系。在打造品牌 IP 时，应注重地方文化元素的融入。可以通过挖掘地方的历史故事、传说、风俗等文化资源，创作出具有地方特色的吉祥物、卡通形象等品牌 IP。这些 IP 不仅具有独特的形象设计，还能通过故事化、情感化的方式传达地方的文化内涵和价值观。同时，品牌 IP 应与旅游产品和服务相结合，形成独特的品牌形象。可以将品牌 IP 融入旅游线路的规划中，设计出具有地方特色的主题旅游线路；也可以将品牌 IP 融入旅游纪念品的设计中，创作出具有收藏价值和纪念意义的旅游纪念品。通过品牌 IP 与旅游产品和服务的紧密结合，可以进一步提高文旅品牌的辨识度和吸引力。在打造品牌 IP 的过程中，还应注重品牌的持续运营和推广。可以通过定期举办品牌活动、推出新品等方式，保持品牌的新鲜感和活力。同时，也可以通过与知名 IP 的跨界合作，提高品牌的知名度和影响力。

举办大型文化节庆活动是传播文旅品牌的有效途径之一。通过举办具有地方特色的文化节庆活动，可以吸引大量游客前来参与，提高文旅品牌的知名度和美誉度。在策划和举办文化节庆活动时，应注重活动的创意和特色。可以结合地方的文化资源和旅游资源，设计出具有地方特色的活动内容和形式。例如，可以举办民俗表演、手工艺展示、美食节等活动，让游客在参与中感受地方文化的魅力；也可以通过设置互动环节、体验项目等方式，增强游客的参与感和体验感；也可以与旅行社、酒店等旅游企业合作，推出针对文化节庆活动的旅游套餐和优惠活动，进一步吸引游客前来参与。

参与旅游交易会是传播文旅品牌的又一重要途径。通过参加国内外知名的旅游交易会，可以展示地方的旅游资源和文旅品牌，拓展品牌的传播渠道和市场空间。在参加旅游交易会时，应注重展示地方的文化特色和旅游资源。可以通过设置展台、播放宣传片、发放宣传资料等方式，向参会者展示地方的自然风光、人文景观和文化特色。同时，也可以邀请参会者参加地方的旅游线路体验和文化交流活动，让他们更深入地了解地方的旅游资源和文旅品牌。除了展示和宣传，还应注重与参会者的互动和交流。可以通过举办座谈会、研讨会等活动，与参会者共同探讨旅游市场的发展趋势和文旅品牌的塑造策略。同时，也可以通过与参会者的深入交流，了解他们的需求和反馈，为文旅品牌的优化和提高提供有益的参考。在参加旅游交易会的过程中，还应注重与同行的交流和合作。可以与国内外知名的旅游企业建立合作关系，共同开发旅游市场和推广文旅品牌。同时，也可以通过学习同行的先进经验和管理模式，不断提高自身的竞争力和服务水平。

加强旅游产业链上下游企业的合作是传播文旅品牌的重要一环。通过与合作伙伴的紧密合作，可以共同推动地方文化特色在文旅品牌中的塑造与传播，提高品牌的知名度和美誉度。在与旅游产业链上下游企业的合作中，应注重资源整合和优势互补。可以与旅行社、酒店、景区等旅游企业建立合作关系，共同开发旅游线路和旅游产品。通过整合各方的资源和优势，可以打造出更具特色和竞争力的旅游产品和服务，满足游客的多样化需求。同时，也可以与文化创意产业、体育产业等其他产业的企业进行合作，共同推动文旅品牌的跨界融合和创新发展。例如，可以与文化创意企业合作开发具有地方特色的旅游纪念品和文创产品；可以与体育企业合作举办体育赛事和健身活动，吸引更多游客前来参与和体验。在合作过程中，还应注重品牌的共同塑造和传播。可以与合作伙伴共同策划和举办品牌推广活动，如旅游文化节、体育旅游节等，提高品牌的知名度和影响力。同时，也可以通过联合营销和品牌推广等方式，共同推动文旅品牌的塑造与传播。

在数字化时代，大数据和人工智能技术为文旅品牌的传播提供了新的机遇和挑战。通过利用这些先进技术，可以更加精准地定位目标受众，优化传播策略，提高文旅品牌的传播效率。同时，也可以通过数据分析来评估传播效果，及时调整和优化传播策略。这些智能化的传播手段能够提高游客的参与度和满意度，进而提高文旅品牌的传播效果。

传播文旅品牌是一项系统工程，需要多渠道宣传推广、打造品牌 IP、举办大型文化节庆活动、参与旅游交易会、加强旅游产业链上下游企业的合作，以及利用大数据和人工智能技术优化传播策略等多方面的共同努力。通过这些措施的实施，可以更有效地提高文旅品牌的知名度和美誉度，为地方经济的发展和文化的传承作出更大的贡献。

第二节　文旅品牌的多渠道营销与国际推广策略

一、多渠道营销策略

1. 线上营销

线上营销作为现代文旅品牌推广的重要一环，具有传播速度快、覆盖范围广、互动性强等特点。通过社交媒体营销、官方网站与 App 建设、网络广告投放以及短视频与直播等多种手段，可以精准触达目标受众，提高品牌知名度和美誉度。

社交媒体平台如微博、微信、抖音等，是连接品牌与消费者的重要桥梁。通过发布文旅品牌的相关信息，如景点介绍、活动预告、旅游攻略等，可以吸引用户的关注和兴趣。同时，与粉丝进行互动，如回复评论、点赞转发等，可以增进品牌与消费者之间的情感联系，提高品牌的亲和力和忠诚度。

官方网站与 App 是文旅品牌线上营销的核心阵地。通过建立完善的官方网站和 App，可以提供丰富的旅游产品信息和在线预订服务，方便游客随时随地了解和预订旅游产品。同时，通过优化网站和 App 的用户体验，如提高页面加载速度、简化预订流程等，可以提高游客的满意度和忠诚度。

网络广告投放是提高品牌知名度的有效手段。通过在主流旅游网站、搜索引擎等平台投放广告，可以精准定位目标受众，提高品牌的曝光度和点击率。同时，利用 SEO 优化技术，可以提高品牌在搜索引擎中的排名，增加品牌的自然流量和曝光机会。

短视频与直播是近年来兴起的热门营销方式。通过制作有趣的文旅视频内容，并在短视频平台如 B 站、抖音等进行发布和推广，可以吸引更多用户的关注和兴趣。同时，通过直播平台展示文旅产品的特色和魅力，如景点直播、活动直播等，可以让用户更直观地了解产品，提高购买意愿和满意度。

2. 线下营销

线下营销作为传统而有效的营销方式，具有体验性强、互动性强、口碑传播效果好等特点。通过旅游节庆活动、合作推广、户外广告、宣传册与手册以及旅游体验活动等多种手段，可以深度触达目标受众，提高品牌的知名度和美誉度。

旅游节庆活动是展示文旅品牌形象和特色的重要窗口。通过参与或举办旅游节庆活动，如旅游文化节、美食节等，可以吸引大量游客的关注和参与。同时，通过活动期间的互动和体验，可以让游客更深入地了解品牌的文化内涵和特色，提高品牌的认知度和好感度。

合作推广是拓宽销售渠道和提高品牌知名度的有效途径。通过与旅行社、景区、酒店等合作伙伴共同推广文旅品牌，可以共享资源、扩大市场覆盖面。同时，通过联合营销和品牌推广活动，可以提高品牌的知名度和美誉度，吸引更多潜在客户的关注和激发客户的兴趣。

户外广告是提高品牌知名度的传统手段之一。通过在机场、火车站、高速公路等地方投放户外广告，可以吸引大量过往人群的关注和目光。同时，通过创意设计和精准定位，可以提高广告的吸引力和传播效果，增强品牌的市场影响力和竞争力。宣传册与手册是传递文旅品牌价值和特色的重要载体。通过制作精美的宣传册和手册，可以向潜在客户展示品牌的独特魅力和价值主张。同时，通过详细的景点介绍、活动预告、旅游攻略等内容，可以方便游客更好地了解和规划旅游行程，提高游客的满意度和忠诚度。此外，旅游体验活动也是提高客户满意度和忠诚度的关键手段。通过组织游客参加旅游体验活动，如亲子游、研学游等，可以让游客更深入地了解品牌的文化内涵和特色，增强品牌与游客之间的情感联系。同时，通过提供优质的产品和服务，也可以提高游客的满意度和忠诚度，促进口碑传播和品牌发展。

3. 线上线下融合营销

在多渠道营销策略中，线上线下融合是提高品牌影响力和市场竞争力的关键。通过线上线下无缝衔接和互动，可以打造全方位的营销体验，提高品牌的知名度和美誉度。一方面，线上平台可以作为线下活动的预热和宣传渠道。通过社交媒体、官方网站等线上平台发布线下活动的信息和预告，可以吸引更多用户的关注和兴趣。同时，通过线上互动和抽奖等活动，可以激发用户的参与热情和增加购买意愿，为线下活动引流和造势。线下活动也可以作为线上平台的延伸和补充。通过组织线下活动，如旅游节庆、产品体验等，可以让用户更深入地了解品牌的文化内涵和特色。同时，通过现场互动和体验，可以收集用户的反馈和意见，为线上平台的优化和改进提供有益的参考。此外，通过线上线下融合，还可以实现数据共享和资源整合。通过收集和分析线上线下用户的数据和行为特征，可以精准定位目标受众和市场需求。同时，通过整合线上线下资源和渠道，可以打造全方位的营销网络和服务体系，提高品牌的竞争力和市场占有率。

4. 个性化营销

个性化营销是提高品牌影响力和用户满意度的关键手段之一。通过精准定位目标受众和市场需求，可以制订个性化的营销策略和推广方案，满足用户的多样化需求。借助用户画像和数据分析等手段，可以精准定位目标受众和市场需求。通过收集和分析用户的年龄、性别、兴趣爱好、消费习惯等数据特征，企业可以深入了解用户的偏好和需求，进而构建出详尽的用户画像。同时，通过对比分析不同市场的需求和竞争态势，可以制订个性化的营销策略和推广方案。可以通过个性化内容和推荐等手段，满足用户的多样化需求。根据用户的兴趣和偏好，可以制作个性化的宣传内容和推荐信息。同时，通过智能推荐系统和个性化标签等手段，可以为用户提供更加精准和个性化的旅游产品和服务推荐。此外，还可以通过个性化服务和体验等手段，提高用户的满意度和忠诚度。根据用户的需求和反馈，可以提供个性化的服务和解决方案。同时，通过优化产品和服务的质量和体验，可以提高用户的满意度和忠诚度，促进口碑传播和品牌发展。

在多渠道营销策略的实施过程中，持续优化与改进是提高品牌影响力和市场竞争力的关键所在。通过动态调整和优化营销策略和手段，可以不断提高品牌的知名度和美誉度。一方面，可以通过收集和分析用户的反馈和意见来不断优化产品和服务的质量和体验；另一方面，可以通过监测和分析市场竞争态势和趋势来不断调整和优化营销策略和手段。另外，还可以通过建立科学的评估体系和机制来监测和评估多渠道营销策略的效果和贡献。例如，通过设定关键绩效指标（KPI）和评估标准来衡量营销策略的效果和贡献；通过建立数据分析和可视化平台来实时监测和分析营销策略的执行情况和数据变化；通过定期总结和评估营销策略的执行情况和效果来不断优化和改进营销策略和手段。

二、国际推广策略

国际推广策略是提高一个国家或地区文化旅游吸引力的关键步骤，它不仅要求深入理解国际市场，还需要精准定位、高效传播、优质服务、鲜明的品牌形象等。

精准定位目标市场是国际推广的首要任务。这需要对国际旅游市场趋势进行深入研究，包括游客来源、旅游偏好、消费能力等。例如，欧洲游客可能更倾向于历史文化游，而亚洲游客则可能对自然风光和购物体验更感兴趣。同时，还须关注目标市场的文化、语言、消费习惯等差异，以确保推广策略能够贴近当地受众。在定位目标市场时，还应考虑地域性特征。例如，针对北美市场，可以强调独特的自然风光和探险体验；对于欧洲市场，则可以突出历史文化和艺术氛围。此外，还须关注新兴市场的潜力，如东南亚、中东等地，这些地区的游客数量快速增长，并且对文化旅游有着浓厚的兴趣。

构建国际化传播体系是进行国际推广的重要手段。这包括与国际知名旅游机构、媒体等建立合作关系，共同策划和推广文旅活动。通过与国际旅游交易会、博览会等平台合作，可以展示文旅产品的独特魅力，吸引更多国际游客的关注。同时，利用国际社交媒体平台也是不可或缺的一环。这些平台具有广泛的用户基础和强大的传播能力，是推广文旅品牌的重要渠道。通过发布精美的图片、视频和吸引人的文案，可以迅速提高品牌在国际市场的知名度和影响力。此外，还可以利用社交媒体平台的互动功能，与游客建立更紧密的联系，收集他们的反馈和建议，以不断优化产品和服务。

在国际推广中，产品与服务质量是吸引游客的关键因素。因此，需要不断优化文旅产品和服务，以提高游客体验。这包括完善旅游设施、丰富旅游产品种类、提高旅游服务质量等方面。同时，加强与国际旅游服务标准的接轨也是至关重要的。通过学习和借鉴国际先进经验，可以不断提高服务质量和专业水平，满足国际游客的期望和需求。例如，可以引入国际通用的旅游服务质量标准体系，对旅游从业人员进行培训和考核，确保他们具备国际化的服务意识和技能。

品牌形象是文旅产品的重要组成部分，也是吸引国际游客的关键因素之一。需要设计具有国际化特色的品牌形象和标志，以增强品牌的辨识度和吸引力。在品牌形象的设计中，可以融入当地的文化元素和特色符号，同时结合国际审美趋势和市场需求进行创意构思。例如，可以设计具有地方特色的旅游标志、吉祥物等，以吸引游客的注意和兴趣。此外，还可以通过国际广告、公关活动等方式，提高品牌形象和知名度。这些活动包括在国际知名媒体上投放广告、参加国际旅游展会等，以扩大品牌的国际影响力。

国际合作与交流是国际推广的重要途径。通过与国际旅游组织、政府机构等建立合作关系，可以共同策划和推广文旅活动，拓展国际市场。例如，可以与国际旅游组织合作举办旅游节庆活动、文化交流活动等，以吸引更多国际游客前来参观和体验。还可以加强与其他国家和地区的旅游合作与交流。通过互派旅游代表团、举办旅游推介会等方式，可以增进彼此之间的了解和友谊，促进旅游业的共同发展。此外，还可以探索建立跨国旅游线路和产品合作机制，以丰富旅游产品种类和提高旅游品质。

国际旅游市场是一个不断变化的环境，因此需要密切关注市场动态和游客反馈。通过对市场趋势的敏锐洞察和对游客需求的深入了解，及时调整和优化推广策略。例如，当发现某个目标市场的游客数量出现下滑时，可以深入分析原因并采取相应的措施进行改进。同时，还需要关注游客对文旅产品的评价和反馈，以不断优化产品和服务质量。通过持续改进和创新，不断提高文旅品牌的竞争力和吸引力，为国际推广注入新的活力和动力。

国际推广策略需要综合考虑目标市场定位、传播体系建设、产品与服务质量提高、品牌形象打造、国际合作与交流、市场动态与游客反馈等多个方面。通过不断优化和完善这些策略，可以不断提高文旅品牌的国际知名度和影响力，为旅游业的发展注入新的活力和动力。

第三节　文旅品牌建设的效果评估与优化机制

一、文旅品牌建设的效果评估要点

在当今这个竞争激烈的旅游市场中，文旅品牌建设已经成为推动旅游业发展的重要手段。为了全面、准确地评估文旅品牌建设的效果，我们需要从多个维度进行深入的分析和探讨。

游客是文旅品牌建设的重要参与者和评价者。游客的反馈和参与度是衡量文旅品牌建设效果的重要指标。首先，我们需要通过游客满意度调查来了解游客对文旅品牌的认知度、满意度以及参与度。满意度调查可以涵盖多个方面，如景区的服务质量、设施条件、文化内涵等。同时，参与度统计也是必不可少的，它可以帮助我们了解游客在文旅品牌中的参与程度和活跃程度。通过对游客反馈和参与度数据的分析，我们可以识别出文旅品牌建设中存在的优点和不足，为后续的优化提供依据。例如，如果游客对景区的服务质量普遍满意，但对文化内涵的挖掘不够深入，那么我们就可以在后续的文旅品牌建设中加强对文化内涵的挖掘和展示。

文旅品牌建设对当地经济的贡献是评估其效果的重要方面。经济效益主要体现在旅游收入、就业机会和税收等方面。通过对比文旅品牌建设前后的旅游收入数据，我们可以直观地看到品牌建设对当地经济的推动作用。同时，文旅品牌的建设也会带动相关产业的发展，从而创造更多的就业机会。此外，税收的增加也是文旅品牌建设对当地经济贡献的重要体现。除了经济效益外，我们还需要关注文旅品牌建设对当地社会文化、环境保护等方面的积极影响。例如，文旅品牌建设是否促进了当地文化的传承和发展，是否提高了游客的环保意识等。这些方面的评估可以帮助我们更全面地了解文旅品牌建设的社会效益。

品牌影响力与知名度是衡量文旅品牌建设效果的另一重要指标。在当今这个信息爆炸的时代，品牌的知名度和影响力对于吸引游客和保持市场竞争力至关重要。我们可以通过媒体曝光度、社交媒体关注度等指标来评估文旅品牌的知名度和影响力。媒体曝光度可以反映品牌在主流媒体中的传播情况和受关注程度，而社交媒体关注度则可以反映品牌在社交媒体平台上的活跃度和受众群体。同时，我们还需要分析文旅品牌在不同渠道、不同受众群体中的传播效果。通过对比不同渠道和受众群体的传播数据，我们可以了解品牌在不同市场和受众中的认知度和影响力，从而为品牌传播策略的调整提供依据。

文旅品牌建设的持续性和创新性也是评估其效果的重要方面。持续性要求文旅品牌建设能够长期保持稳定的品质和吸引力，适应市场变化和游客需求的变化。我们可以通过对比文旅品牌建设前后的数据变化和市场反馈来了解其持续性。同时，我们还需要关注文旅品牌建设中的创新元素。创新是文旅品牌建设的重要动力，它可以为品牌注入新的活力和吸引力。我们可以从新技术应用、新产品开发等方面来评估文旅品牌建设的创新性。例如，是否应用了先进的虚拟现实/增强现实技术来提高游客的游览体验，是否推出了具有地方特色的旅游产品等。这些创新元素的应用不仅可以提高文旅品牌的竞争力，还可以为游客带来更加丰富的旅游体验。

品牌形象塑造与传播是文旅品牌建设的重要组成部分，也是评估其效果的关键方面。品牌形象是游客对文旅品牌的第一印象和总体评价，它直接关系到游客对品牌的认知和满意度。我们可以通过分析文旅品牌的形象塑造和传播策略来评估其效果。首先，我们需要了解文旅品牌的形象定位是否准确、鲜明，是否能够吸引目标游客群体的关注。其次，我们需要评估文旅品牌的传播渠道和传播效果。传播渠道是否多样、覆盖是否广泛、传播效果是否显著等都会直接影响文旅品牌的知名度和影响力。在文旅品牌建设中，我们需要注重品牌形象的塑造和传播策略的制定，以提高品牌的竞争力和吸引力。

文旅品牌建设的效果评估需要从多个维度进行深入的分析和探讨。游客反馈与参与度、经济效益与社会效益、品牌影响力与知名度、持续性与创新性、品牌形象塑造与传播都是评估文旅品牌建设效果的重要方面。通过全面、客观地评估这些方面，我们可以更准确地了解文旅品牌建设的成效和不足，为后续的优化和提高提供依据。

二、文旅品牌建设的优化机制构建

在文旅品牌建设的优化机制中，数据监测与反馈机制是基础。这一机制要求建立完善的数据监测体系，实时跟踪文旅品牌建设的关键指标和数据。这些关键指标包括但不限于游客流量、游客满意度、社交媒体关注度、媒体曝光度等。通过数据监测，我们可以及时了解文旅品牌建设的现状和效果，为后续的策略调整和优化提供数据支持。同时，数据监测与反馈机制还强调定期收集和分析游客反馈、市场变化等信息。游客反馈是了解品牌问题和不足的重要途径，通过游客的反馈，我们可以发现品牌建设中存在的问题和游客的需求变化。市场变化则是品牌策略调整的重要依据，只有紧跟市场变化，才能保持品牌的竞争力。因此，我们需要建立健全游客反馈收集和市场监测机制，确保信息的准确性和及时性。

在数据监测与反馈的基础上，策略调整与优化机制是文旅品牌建设的核心。这一机制要求根据数据监测和反馈结果，及时调整文旅品牌建设的策略和方向。例如，如果游客满意度下降，我们可能需要加强服务质量提高；如果社交媒体关注度不足，我们可能需要加大品牌传播力度。此外，策略调整与优化机制还强调针对不同受众群体和市场变化，制定差异化的品牌传播和推广策略。不同的受众群体有不同的需求和偏好，只有深入了解他们的特点和需求，才能制定出符合他们口味的品牌传播和推广策略。同时，市场变化也需要我们不断调整策略，以应对新的挑战和机遇。因此，我们需要建立灵活的策略调整机制，确保品牌建设的持续性和有效性。

创新与持续发展机制是文旅品牌建设的重要动力。这一机制鼓励创新思维和跨界合作，不断探索新的文旅产品和服务模式。创新思维可以打破传统思维的束缚，为品牌建设注入新的活力和创意。跨界合作则可以拓展品牌的受众群体和市场空间，为品牌建设提供更多的可能性。同时，创新与持续发展机制还强调加强技术研发和人才培养。技术研发是推动品牌建设的重要手段，通过技术创新，我们可以提高品牌的品质和竞争力。人才培养则是品牌建设的基础，只有拥有高素质的人才队伍，才能为品牌建设提供持续的创新动力。因此，我们需要加大对技术研发和人才培养的投入，确保品牌建设的持续性和创新性。

文旅品牌建设的优化机制构建是一个复杂而系统的过程，需要多个方面的协同努力。数据监测与反馈机制、策略调整与优化机制、创新与持续发展机制都是文旅品牌建设优化机制的重要组成部分。通过建立健全这些机制，我们可以不断提高文旅品牌的市场竞争力和游客满意度。随着旅游市场的不断发展和变化，文旅品牌建设的优化机制也需要不断调整和完善。我们需要紧跟市场变化和技术发展，不断创新品牌建设的理念和方法，为游客提供更加优质、独特、有文化内涵的旅游产品和服务。同时，我们还需要加强与其他行业的合作与交流，共同推动文旅产业的繁荣和发展。

第四节　广西文旅品牌的核心要素与定位分析

一、核心要素

广西文旅品牌不仅注重自然山水与民族文化的结合，还深入挖掘和传承了丰富的历史文化资源。广西拥有众多历史悠久的古城、古镇和古村落，这些历史遗迹见证了广西的悠久历史和灿烂文化。在文旅品牌建设过程中，广西将这些历史元素与现代旅游形式相结合，通过修复和保护历史遗迹，重现历史场景，让游客在游览中感受到浓厚的历史氛围。例如，广西的阳朔西街就是一个典型的例子。这条古老的街道不仅保留了明清时期的建筑风格，还融入了现代商业元素，成了一个集购物、餐饮、娱乐于一体的综合性旅游街区。游客在这里不仅可以品尝到地道的广西美食，还可以购买到具有地方特色的手工艺品，感受到广西的历史韵味和现代气息。

随着科技的不断发展，智慧旅游和数字化建设已经成为广西文旅品牌建设的重要方向。广西积极运用大数据、云计算、物联网等现代信息技术，提高旅游服务的智能化水平，为游客提供更加便捷、高效的旅游体验。在智慧旅游方面，广西推出了多个智慧文旅平台，这些平台为游客提供了丰富的旅游信息和服务，包括旅游攻略、景点介绍、酒店预订、门票购买等。同时，广西还通过数字化手段对旅游数据进行实时监测和分析，为旅游管理和决策提供了科学依据。此外，广西还积极推动旅游景区的数字化建设，如建设智慧景区、智慧停车场等，提高了景区的服务质量和游客的满意度。

绿色旅游和可持续发展是广西文旅品牌建设的重要理念。广西拥有丰富的自然资源和生态环境，这些资源是文旅品牌建设的重要基础。为了保护这些宝贵的资源，广西积极倡导绿色旅游，推动旅游业的可持续发展。在绿色旅游方面，广西注重旅游景区的生态保护和环境治理，加强了对旅游活动的监管，防止了旅游活动对生态环境的破坏。同时，广西还积极推动绿色旅游产品的开发，如生态旅游、乡村旅游等，这些旅游产品不仅满足了游客的多样化需求，还促进了当地经济的可持续发展。此外，广西还加强了对旅游从业人员的培训和教育，提高了他们的环保意识和专业素养，为绿色旅游的发展提供了有力的人才保障。

区域合作和协同发展是广西文旅品牌建设的重要策略。广西地处中国南部，与周边省份和地区有着紧密的联系和合作。在文旅品牌建设中，广西积极与周边省份和地区开展合作，共同打造跨区域的旅游线路和产品，实现了旅游资源的共享和优势互补。例如，广西与广东、湖南等省份共同推出了多条跨区域的旅游线路，如“两广十市旅游合作圈”“湘桂旅游走廊”等，这些旅游线路不仅丰富了广西的旅游产品，还吸引了更多的游客前来广西旅游。同时，广西还积极参与国际旅游合作，与多个国家和地区开展了旅游交流和合作，推动了广西旅游业的国际化发展。这些区域合作和协同发展不仅提高了广西文旅品牌的知名度和影响力，还为广西旅游业的持续健康发展提供了有力的支撑。

广西文旅品牌建设在核心要素方面注重自然山水与民族文化的结合、智慧旅游与数字化建设、绿色旅游与可持续发展以及区域合作与协同发展。这些核心要素共同构成了广西文旅品牌的独特魅力和竞争优势，为广西旅游业的持续健康发展提供了有力的保障。

二、定位分析

广西文旅品牌将自身定位为世界级山水旅游目的地和民族文化旅游高地，这一定位不仅彰显了广西得天独厚的自然景观优势，也体现了其追求卓越、服务全球的旅游发展目标。广西拥有众多世界级的山水景观，如桂林漓江、阳朔西街、龙胜龙脊梯田等，这些景观以其独特的山水风貌、丰富的生态资源和深厚的历史文化底蕴，吸引了无数国内外游客。

为了打造世界级山水旅游目的地，广西不断提高旅游服务质量。一方面，加强旅游从业人员的培训和教育，提高他们的专业素养和服务意识，确保游客在广西的每一次旅行都能享受到贴心、专业的服务。另一方面，完善旅游基础设施，包括交通、住宿、餐饮、娱乐等方面，为游客提供便捷、舒适的旅游环境。广西还不断丰富旅游产品，推出了一系列以山水为主题的旅游线路和项目，如漓江游船、阳朔攀岩、龙脊梯田徒步等，满足游客多样化的旅游需求。同时，注重旅游产品的创新和升级，引入现代科技手段，提高游客的旅游体验。

广西文旅品牌还注重打造民族文化旅游高地，这一定位旨在深入挖掘和传承当地丰富的民族文化资源，展现广西多元、独特的民族风情。广西是一个多民族聚居的地区，拥有壮、汉、瑶、苗、侗等多个民族，这些民族在长期的历史发展过程中形成了丰富多彩的民族文化。为构建民族文化旅游高地，广西积极举办各类民族文化节庆活动，如壮族三月三、瑶族盘王节等，这些活动不仅展示了广西各民族的传统习俗和民间艺术，还为游客提供了亲身体验和了解民族文化的机会。同时，广西还注重民族服饰和工艺品的展示和推广，通过设立民族文化展览馆、工艺品市场等方式，让游客更加深入地了解和欣赏广西的民族文化遗产。此外，广西还推出了具有民族特色的旅游产品和项目，如民族村寨游、民族风情表演等，这些产品和项目不仅丰富了广西的旅游内容，还提高了其旅游产品的独特性和竞争力。通过打造民族文化旅游高地，广西文旅品牌进一步凸显了其文化优势和民族特色。

在定位世界级山水旅游目的地和民族文化旅游高地的过程中，广西文旅品牌注重二者的融合与创新。一方面，通过深入挖掘山水景观中的文化内涵，将民族文化元素融入山水旅游产品中，如开发具有民族特色的山水摄影、绘画等旅游产品，让游客在欣赏山水美景的同时，也能感受到浓厚的民族文化氛围。另一方面，利用现代科技手段和创新思维，推动山水与民族文化的深度融合。例如，利用虚拟现实技术重现古代的山水画卷和民族风情场景，让游客仿佛置身于历史的长河之中；通过开发具有民族特色的旅游 App、小程序等，为游客提供更加便捷、丰富的旅游信息和服务。此外，广西还积极推动文旅产业与其他产业的融合发展，如旅游与农业、旅游与体育等，通过举办农耕文化体验、山地户外运动等活动，进一步丰富广西的旅游产品和文化内涵。

广西文旅品牌将自身定位为世界级山水旅游目的地和民族文化旅游高地，通过提高旅游服务质量、完善旅游基础设施、丰富旅游产品等措施，实现了这一定位的初步目标。广西文旅品牌将继续注重世界级山水与民族文化的融合与创新等方面的工作。通过不断努力和创新，广西文旅品牌将成为全球范围内具有独特魅力和竞争力的旅游品牌之一，为广西的经济社会发展注入新的活力和动力。

第六章　新质文旅生产力的理论基础与内涵

第一节　新质文旅生产力的基本理论与核心概念

一、基本理论

新质文旅生产力作为新质生产力在文旅产业中的具体体现，其核心理念在于以创新为主导，摆脱传统经济增长方式和生产力发展路径的束缚。这一生产力形态不仅具有高科技、高效能、高质量的生产特征，更是符合新发展理念、推动文旅产业转型升级和高质量发展的关键力量。新质文旅生产力不仅强调技术创新的重要性，更将思维方式和商业模式的创新视为驱动文旅产业变革的核心动力。通过新技术、新业态、新模式的深度融合，新质文旅生产力致力于重塑文旅产业的生态体系，实现文旅资源的优化配置和高效利用。

科技创新是新质文旅生产力的核心驱动力。在文旅产业中，科技的应用不仅限于提高服务效率和改善用户体验，更在于通过智能化、数字化、网络化等先进技术，为文旅产业注入新的活力。例如，利用大数据和人工智能技术，可以实现对游客需求的精准预测和个性化服务；通过虚拟现实和增强现实技术，可以创造出沉浸式的文旅体验，让游客在虚拟与现实之间自由穿梭，感受文旅资源的独特魅力。此外，物联网、云计算等技术的应用也为文旅产业的智能化管理提供了有力支持，推动了文旅产业的数字化转型。

新质文旅生产力强调文旅资源的整合与重塑。在文旅产业的发展过程中，资源的整合和重塑是实现产业转型升级和高质量发展的关键。通过整合不同类型的文旅资源，如自然景观、文化遗产、民俗风情等，可以打造出更具吸引力和竞争力的文旅产品。同时，通过重塑文旅资源的呈现方式和体验方式，如利用数字化技术重现历史场景、通过创意设计提高文旅产品的文化内涵等，可以进一步提高文旅产品的附加值和吸引力。这种资源的整合与重塑，不仅有助于推动文旅产业的创新发展，也为游客提供了更加丰富和多元的文旅体验。

新质文旅生产力的引入，对文旅产业生态产生了深远的影响。一方面，它推动了文旅产业的数字化转型和智能化升级，提高了文旅产业的服务效率和用户体验。另一方面，它也促进了文旅产业的跨界融合和创新发展，拓宽了文旅产业的边界和内涵。在新质文旅生产力的推动下，文旅产业涌现出了一批新业态和新模式。这些新业态和新模式不仅丰富了文旅产业的内涵和外延，更推动了文旅产业的跨界融合和创新发展。例如，“文旅+科技”“文旅+教育”“文旅+体育”等跨界融合的新业态，不仅为游客提供了更多元化的文旅体验，也推动了相关产业的协同发展。同时，共享经济、平台经济等新模式的应用，也极大地拓宽了文旅产业的边界，推动了文旅资源的共享和优化配置。这些新业态和新模式的融合与创新，不仅提高了文旅产业的竞争力，也为文旅产业的可持续发展提供了有力支撑。

此外，新质文旅生产力还推动了文旅产业的绿色发展和可持续发展，通过节能减排、资源循环利用等方式，降低了文旅产业的能耗和排放，实现了经济效益和社会效益的双赢。这些影响不仅提高了文旅产业的竞争力，也为文旅产业的未来发展指明了方向。

新质文旅生产力作为推动文旅产业转型升级和高质量发展的关键力量，具有深远的意义和影响。通过加强科技创新、推动跨界融合、整合资源重塑等措施，可以进一步提高文旅产业的竞争力和影响力，为游客提供更加丰富和多元化的文旅体验。

二、核心概念

文旅融合是新质文旅生产力的一个核心概念，它强调将文化元素深度融入旅游产品中，打造具有文化内涵和特色的旅游产品。这种融合不仅提高了旅游产品的附加值，还增强了游客的文化体验和认同感。在新质文旅生产力的推动下，文旅融合更加注重创新和创意。通过跨界合作、资源整合等方式，文旅企业可以不断推出新颖、独特的文旅产品，满足游客多样化的需求。例如，可以将传统文化元素与现代科技手段相结合，打造出具有浓郁文化气息的虚拟现实体验项目；也可以将地方特色文化与旅游资源相结合，开发出具有地域特色的文化旅游产品。同时，文旅融合还促进了文化与旅游的双向互动。一方面，旅游活动成为文化传播的重要载体，通过旅游活动，游客可以更加深入地了解和体验当地的文化；另一方面，文化也成为旅游发展的重要支撑，通过挖掘和传承当地的文化资源，可以推动旅游产业的转型升级和可持续发展。

数字化转型是新质文旅生产力发展的重要方向之一。通过数字化转型，文旅产业可以实现文旅资源的数字化、智能化管理，提高服务质量和效率，增强游客的满意度和忠诚度。数字化转型需要借助先进的技术手段，对文旅资源进行数字化采集、处理和分析。通过数字化手段，可以实现对文旅资源的精准定位、实时监测和智能调度，提高资源利用效率和管理水平。同时，数字化转型还可以推动文旅服务的智能化升级，如智能客服系统的应用，可以为游客提供更加便捷、个性化的服务体验。数字化转型还可以促进文旅产业的创新发展。通过运用新技术和新模式，文旅企业可以开发出更加新颖、独特的文旅产品，满足游客多样化的需求。同时，数字化转型还可以推动文旅产业的跨界融合和协同发展，为文旅产业的可持续发展注入新的活力。

绿色旅游是新质文旅生产力发展的重要趋势之一。它强调在旅游活动中注重环境保护和可持续发展，实现经济效益、社会效益和环境效益的协调发展。绿色旅游需要采取一系列措施来降低旅游活动对环境的负面影响。例如，可以推广低碳旅游方式，鼓励游客使用公共交通工具、减少碳排放；可以加强旅游景区的环境管理和保护，减少垃圾污染和水资源消耗；可以推动绿色旅游产品的开发和推广，如生态旅游、农业旅游等，引导游客关注环境保护和可持续发展。同时，绿色旅游还可以促进文旅产业的转型升级和可持续发展。通过发展绿色旅游，可以推动文旅企业加强技术创新和产品研发，提高产品的附加值和竞争力；可以推动文旅产业与农业、林业等相关产业的协同发展，实现产业链的延伸和拓展；可以推动文旅产业的国际化发展，提高国际竞争力和影响力。

个性化定制是新质文旅生产力发展的重要方向之一。它强调根据游客的需求和偏好，提供量身定制的文旅产品和服务，满足游客个性化的需求。个性化定制需要借助先进的技术手段，如大数据、人工智能等，对游客的需求和行为特征进行深入分析和挖掘。通过数据分析，可以了解游客的兴趣爱好、消费习惯等信息，从而进行有针对性的产品开发和市场推广。同时，个性化定制还需要注重游客的参与和互动，鼓励游客参与到产品的设计和服务流程中，提高游客对产品的满意度和忠诚度。个性化定制不仅可以提高游客的体验感和参与度，还可以推动文旅产业的创新发展。通过运用新技术和新模式，文旅企业可以开发出更加新颖、独特的文旅产品，满足游客个性化的需求。同时，个性化定制还可以推动文旅产业的跨界融合和协同发展，为文旅产业的可持续发展注入新的活力。

国际化发展是新质文旅生产力发展的重要方向之一。它强调推动文旅产业的国际化进程，提高国际竞争力和影响力。国际化发展需要加强与国际市场的联系和合作。可以通过参加国际旅游展会、举办文化交流活动等方式，加强与国际旅游市场的联系和合作；也可以推动文旅产品的国际化推广和营销，提高国际知名度和美誉度；还可以加强与国际旅游组织的交流和合作，学习借鉴国际先进经验和技术手段。

第二节　文化传承与文旅生产力发展的内在关系

一、文化传承为文旅生产力提供丰富的资源

文化传承为文旅生产力提供丰富的资源，这一观点不仅深刻揭示了文化在文旅产业发展中的核心作用，还为我们探索文旅产业的可持续发展路径提供了重要启示。

中国悠久的历史和灿烂的文化孕育了无数珍贵的文化遗产，这些遗产不仅是中华民族的瑰宝，更是文旅产业不可或缺的宝贵资源。从雄伟壮观的古建筑群到精美绝伦的文物艺术品，再到蕴含深厚文化底蕴的民俗风情，每一处文化遗产都承载着丰富的历史信息和独特的文化价值。这些资源的存在，为文旅产业提供了取之不尽、用之不竭的创作灵感和素材，使得文旅产品能够拥有鲜明的文化特色和独特的市场竞争力。古镇和古村落作为文化遗产的重要组成部分，以其古朴的建筑风格、宁静的乡村环境和独特的民俗风情，成了游客心中的理想旅游目的地。通过对这些古镇和古村落进行科学合理的保护和开发，不仅可以保留其原有的历史风貌和文化底蕴，还能够为游客提供一个逃离都市喧嚣、回归自然宁静的休闲场所。同时，通过举办各种文化节庆活动、民俗表演等，可以进一步丰富古镇和古村落的文化内涵和旅游体

验，吸引更多的游客前来探访和体验。主题公园作为现代旅游的重要载体，通过创意设计和科技手段，将传统文化元素与现代旅游需求相结合，打造出了具有独特魅力和市场吸引力的文旅产品。在主题公园中，游客可以亲身体验到传统文化的魅力，如观赏传统戏曲表演、参与民俗手工艺制作等。这些活动不仅让游客在娱乐中受到了传统文化的熏陶，还推动了传统文化的传播和发展。同时，主题公园的建设也带动了周边地区的经济发展，为当地居民提供了更多的就业机会和收入来源。

文化演艺是文旅产业中不可或缺的一部分，它通过音乐、舞蹈、戏剧等多种形式，将传统文化元素与现代艺术手法相结合，为游客呈现出一场场精彩绝伦的文化盛宴。在文化演艺中，游客既可以欣赏到传统的戏曲表演、民族舞蹈等，也可以感受到现代艺术的创新和魅力。这些演出不仅丰富了游客的文化体验，还推动了传统文化的传播和创新。同时，文化演艺的繁荣也促进了文旅产业的多元化发展，为文旅产业注入了新的活力和动力。文创产品是文旅产业中极具市场潜力的新兴领域，它将传统文化元素与现代设计理念相结合，创造出了具有独特文化内涵和商业价值的文创产品。这些产品不仅满足了游客对传统文化的追求和热爱，还通过创意设计和商业运作，实现了传统文化的商业化转型和可持续发展。在文创产品的开发中，注重传统文化的挖掘和保护，同时融入现代设计理念和技术手段，使得文创产品既具有文化内涵和审美价值，又符合现代消费者的审美需求和消费习惯。这种商业化的创新模式不仅推动了传统文化的传承和发展，还为文旅产业带来了新的经济增长点。

文化传承与文旅产业的深度融合是推动产业转型升级和高质量发展的重要途径。通过深入挖掘和传承传统文化资源，可以打造出具有独特魅力和市场竞争力的文旅产品；通过创新创意和科技手段的运用，可以推动文旅产品的多样化和个性化发展；通过商业模式的创新和跨界合作的开展，可以拓展文旅产业的发展空间和盈利模式。这些措施的实施不仅有助于提高文旅产业的附加值和竞争力，还能够促进经济社会的可持续发展和文化软实力的提高。

二、文旅生产力发展促进文化传承与创新

文旅生产力发展促进文化传承与创新，这一观点不仅揭示了文旅产业在文化传承中的重要角色，更强调了其在推动文化创新方面的积极作用。

文旅产业作为文化传承的重要平台，为传统文化的传播和发展提供了广

阔的舞台。通过举办各类文化活动、文化节庆和文化展览，文旅产业能够吸引大量游客参与其中，使他们亲身体验和感受传统文化的魅力。例如，传统的节日庆典、民俗活动、手工艺展示等，不仅能够让游客深入了解传统文化的历史渊源和独特内涵，还能激发他们对传统文化的兴趣和热爱。这种面对面的交流方式，使得传统文化得以在更广泛的范围内传播和传承，增强了文化的生命力和影响力。随着现代科技的不断进步，文旅产业在文化传承方面也开始运用虚拟现实、增强现实等先进技术。这些技术为传统文化的展示和传播提供了新的手段，使得传统文化能够以更加直观、生动的方式呈现给游客。例如，通过虚拟现实技术，游客可以身临其境地感受古代宫殿的辉煌、古代战场的震撼；通过增强现实技术，游客可以在欣赏文物的同时，了解文物的历史背景和文化价值。这种数字化、智能化的展示方式，不仅提高了游客的参与度和体验感，还使得传统文化在现代社会中焕发出新的生机和活力。在文旅产品的开发和设计过程中，传统文化与现代创意的融合成了重要的趋势。文旅企业不断挖掘传统文化的精髓，结合现代审美和市场需求，打造出了一系列具有独特魅力的文旅产品。这些产品不仅满足了游客对传统文化的向往和追求，还为他们提供了新颖、有趣的旅游体验。例如，将传统文化元素融入现代服饰、饰品、工艺品等产品中，使得这些产品既具有传统文化的韵味，又符合现代人的审美需求。这种融合不仅促进了文旅产业的创新和升级，还推动了传统文化的传承和发展。

随着人们生活水平的提高和消费观念的转变，游客对文旅产品的需求也日益多样化。这种多样化的需求为传统文化的创新提供了重要的动力源泉。为了满足游客的需求，文旅企业不断在传统文化的基础上进行创新和改良，推出了一系列具有独特魅力的文旅产品。例如，将传统文化元素与现代娱乐元素相结合，打造出了一系列具有互动性和趣味性的文化旅游项目；将传统文化与现代科技相结合，开发出了一系列具有高科技含量的文化旅游产品。这些创新不仅丰富了文旅产品的种类和形式，还推动了传统文化的创新和发展。文旅产业的发展不仅促进了传统文化的传承和创新，还推动了不同文化间的交流和互动。通过文旅产业的发展，不同地区的游客有机会亲身体验和感受其他地区的传统文化，从而增进对不同文化的了解和认识。这种跨文化的交流和互动有助于促进不同文化间的相互理解和尊重，推动文化的多样性和包容性发展。同时，通过文旅产业的发展，还能够促进不同文化间的交流和合作，共同推动世界文化的繁荣和发展。

政府在推动文旅产业发展和文化传承方面发挥着重要的作用。通过制定和实施一系列政策措施，政府为文旅产业和文化传承提供了有力的支持和保障。例如，加大对文旅产业的投入和扶持力度，推动文旅产业的创新和发展；加强对传统文化的保护和传承力度，提高传统文化的知名度和影响力；加强与其他国家和地区的文化交流与合作，推动世界文化的多样性和包容性发展。这些政策措施的实施不仅为文旅产业和文化传承提供了良好的发展环境，还为其可持续发展奠定了坚实的基础。

文旅生产力的发展不仅为文化传承提供了平台和载体，也促进了文化传承与创新。通过文旅产业的发展和推动，传统文化得以在现代社会中焕发新的生机和活力，同时也为文旅产业的创新和升级提供了重要的动力源泉。

三、文化传承与文旅生产力发展相互促进、共同繁荣

文化传承与文旅生产力发展之间，存在着一种紧密而深刻的相互促进、共同繁荣的关系。这种关系不仅体现在文旅产业对文化传承的推动作用上，也体现在文化传承对文旅生产力发展的反哺效应上。

文化传承是文旅生产力发展的文化根基，为文旅产业提供了丰富的资源和文化内涵。在文旅产业的开发过程中，传统文化是不可或缺的重要元素。无论是历史遗迹、民俗风情，还是文学艺术、手工艺品，都是文旅产业可以利用的重要资源。这些资源不仅具有独特的魅力，还能引发游客的共鸣和兴趣，为文旅产业带来持久的吸引力。同时，文化传承还为文旅产业提供了深厚的文化底蕴，使其在面对激烈的市场竞争时，能够保持独特的竞争优势。

文旅产业是文化传承的生动实践者。通过文旅产业的发展，传统文化得以在旅游活动中得到更好的传承和发扬。一方面，文旅产业通过举办各种文化活动、节庆、展览等，为游客提供了了解传统文化的窗口。游客在参与这些活动的过程中，能够亲身体验传统文化的魅力，增强对传统文化的认同感和归属感。另一方面，文旅产业还通过创新旅游产品，将传统文化与现代元素相结合，打造出具有时代特色的旅游品牌。这种创新不仅丰富了旅游产品的种类和形式，也推动了传统文化的传承和发展。

文化传承与文旅生产力发展之间，存在着相互促进的关系。一方面，文化传承为文旅产业提供了丰富的资源和文化内涵，使其具有独特的竞争优势。另一方面，文旅产业的发展也为文化传承提供了更广阔的空间和更多的可能性。通过文旅产业的发展，传统文化得以在更广泛的范围内传播和传承，增

强了文化的生命力和影响力。同时，文旅产业的发展还推动了传统文化的创新和发展，使其在现代社会中焕发出新的生机和活力。这种相互促进的关系，不仅有利于文旅产业的可持续发展，也有利于传统文化的传承和创新。

文化传承与文旅产业将迎来新的发展机遇和挑战。随着科技的发展和社会的进步，文旅产业将更加注重创新和质量提高，同时传统文化也将面临更多的传承和创新压力。在这种情况下，我们需要加强文化传承与文旅产业的融合发展，推动两者之间的良性互动和共赢发展。一方面，我们需要深入挖掘传统文化的内涵和价值，将其与现代元素相结合，打造出具有独特魅力的旅游产品；另一方面，我们也需要加强对文旅产业的监管和引导，确保其健康有序发展。只有这样，我们才能实现文化传承与文旅产业的共同繁荣和发展。

文化传承与文旅生产力发展之间存在着相互促进、共同繁荣的关系。通过深入挖掘传统文化的内涵和价值，推动文旅产业的创新和发展，我们可以实现文化传承与文旅产业的良性互动和共赢发展。这种关系不仅有利于文旅产业的可持续发展，也有利于传统文化的传承和创新。

第三节　文旅生产力在新时代背景下的转型需求

一、适应市场需求变化，推动文旅产品升级

随着人们生活水平的提高和消费观念的转变，文旅市场的需求呈现出日益多样化、个性化的趋势。以观光游览为主的传统旅游产品已经无法满足现代游客的需求，他们更加注重旅游体验的深度和广度，追求文化、休闲、娱乐等多个方面的享受。文旅生产力必须紧跟市场需求的变化，推动文旅产品的升级和创新，以满足游客日益增长的多元化需求。文化内涵是文旅产品的灵魂，要推动文旅产品的升级，主要体现在以下几个方面。

第一，深入挖掘地方和民族的文化资源，将其融入旅游产品设计中。这包括地方历史、民俗、艺术、建筑等多个方面。通过深入挖掘和整理，可以将这些文化资源转化为具有吸引力的旅游产品和体验项目。例如，可以开发以地方历史为主题的博物馆、纪念馆，以民俗为主题的民俗村、文化节庆活动，以艺术为主题的美术馆、音乐厅等。这些产品不仅能够满足游客对文化

知识的需求，还能让他们亲身体验到地方文化的独特魅力。现代游客的需求日益多样化，他们不再满足于单一的观光游览，而是希望获得更加丰富多彩的旅游体验。

第二，文旅产品必须注重多样化，以满足不同游客的需求。一方面，可以开发不同类型的旅游产品，如亲子游、研学游、休闲度假游、探险游等。这些产品可以根据游客的年龄、兴趣、需求等因素进行定制，为游客提供更加个性化的服务。另一方面，可以推出多种旅游线路和组合产品，让游客可以根据自己的时间和预算进行选择。例如，可以设计短途游、长途游、自驾游、跟团游等多种线路，以及包含住宿、餐饮、娱乐等服务的组合产品。

第三，旅游服务质量是文旅产品的重要组成部分。这包括加强旅游从业人员的培训和管理，提高他们的专业素养和服务意识；完善旅游设施和服务体系，为游客提供更加便捷、舒适、安全的旅游环境；加强旅游市场监管和投诉处理机制，保障游客的合法权益。通过提高旅游服务质量，可以增强游客的满意度和忠诚度，促进文旅产品的口碑传播和持续发展。

第四，在文旅产品升级的过程中，创新旅游营销方式也是至关重要的。传统的营销方式已经无法满足现代游客的需求和市场的变化，需要采用更加多元化、个性化的营销手段来推广文旅产品。例如，可以利用互联网和社交媒体平台进行线上营销，通过短视频、直播、社交媒体广告等方式吸引游客的关注和兴趣；也可以与旅游博主、网红等合作进行口碑营销，通过他们的推荐和分享来扩大文旅产品的知名度和影响力；还可以举办各种旅游节庆、主题展览等线下活动，吸引游客前来体验和参与。通过创新旅游营销方式，可以扩大文旅产品的市场影响力，吸引更多的游客前来旅游。

第五，文旅产业的融合发展是推动文旅产品升级的重要途径。一是加强文旅产业与其他产业的融合，如农业、工业、教育、体育等，形成多元化的旅游产品体系。例如，可以开发乡村旅游、工业旅游、研学旅游等新型旅游产品，将农业、工业、教育等资源转化为旅游资源，为游客提供更加丰富的旅游体验。二是加强文旅产业内部的融合，如酒店、景区、旅行社等之间的合作与联动，形成完整的旅游产业链和生态圈。通过加强文旅产业的融合，可以推动文旅产业的升级和发展，提高文旅产品的竞争力和附加值。

综上所述，通过深入挖掘文化内涵、注重旅游产品多样化、提高旅游服务质量、创新旅游营销方式、加强文旅产业融合等方面的工作，可以有效推动文旅产品的升级和创新，满足游客日益增长的多元化需求，促进文旅产业的持续发展和繁荣。

二、加强科技创新应用，提高文旅产业智能化水平

科技创新是推动文旅生产力转型的重要动力，特别是在新时代背景下，大数据、云计算、人工智能、虚拟现实等新技术在文旅产业中的应用日益广泛，为文旅产业的智能化发展提供了强有力的支撑。

大数据技术在文旅产业中的应用，可以实现对海量旅游数据的收集、分析和利用，从而优化旅游服务与管理。首先，通过大数据分析，可以对游客的行为模式、消费习惯、偏好等进行精准描绘，为旅游企业提供决策支持。例如，根据游客的搜索记录、购买行为等数据，可以预测热门景点、酒店和旅游线路，为企业的产品开发和市场营销提供依据。其次，大数据技术还可以应用于旅游预警和安全管理。通过实时监测和分析游客流量、天气变化、交通状况等数据，可以及时发现潜在的安全隐患，并采取有效的应对措施，确保游客的安全。

人工智能技术在文旅产业中的应用，可以显著提高旅游服务的智能化水平。通过引入智能客服、智能导览等系统，可以为游客提供更加便捷、高效的服务。智能客服系统可以通过自然语言处理技术，与游客进行实时互动，解答各种旅游问题，提供个性化的服务建议。智能导览系统则可以根据游客的位置和兴趣，提供精准的景点介绍、路线规划等服务，让游客在旅游过程中更加轻松、愉快。此外，人工智能技术还可以应用于旅游资源的智能管理和优化。例如，通过智能调度系统，可以实现对景区内人流、车流的实时监控和调度，确保景区内交通顺畅、游客安全。

云计算技术为文旅产业提供了强大的数据处理和存储能力。通过云计算平台，旅游企业可以轻松地实现数据的集中管理、高效处理和备份恢复。这不仅提高了数据的安全性和可靠性，还降低了企业的 IT 成本。同时，云计算平台还可以为旅游企业提供丰富的数据分析工具和服务，帮助企业深入挖掘数据的价值，发现潜在的商业机会。例如，通过云计算平台对游客数据进行深度分析，可以发现游客的消费趋势、偏好变化等关键信息，为企业的产品创新和市场营销提供有力支持。

虚拟现实技术在文旅产业中的应用，为游客带来了全新的沉浸式旅游体验。通过虚拟现实技术，游客在家中就能身临其境地游览世界各地的名胜古迹、自然风光等。这种全新的旅游方式不仅丰富了游客的旅游选择，还降低

了旅游成本和时间成本。同时，虚拟现实技术还可以应用于旅游景点的宣传推广和营销策划。通过制作精美的VR旅游宣传片，可以吸引更多的游客前来参观和体验。此外，虚拟现实技术还可以与旅游教育相结合，为游客提供更加生动、有趣的旅游知识普及和历史文化教育。

区块链技术在文旅产业中的应用，可以有效保障旅游交易的安全性和透明度。通过区块链技术，可以实现对旅游交易数据的实时记录、存储和验证，确保数据的真实性和不可篡改性。这不仅提高了交易的安全性和可信度，还降低了交易纠纷的风险。同时，区块链技术还可以应用于旅游服务的评价和反馈机制中。通过区块链技术，游客可以更加真实地表达自己的评价和意见，为其他游客提供参考和借鉴。同时，旅游企业也可以更加准确地了解游客的需求和反馈，从而不断优化和改进自己的服务。

在加强科技创新应用的过程中，还需要推动文旅产业的数字化转型。这包括加强数字化基础设施建设、培养数字化人才、推广数字化应用等方面的工作。首先，需要加强数字化基础设施建设，包括通信网络、数据中心等硬件设施的建设和优化升级。其次，需要培养一支具备数字化技能和素养的人才队伍，为文旅产业的数字化转型提供有力的人才保障。最后，需要积极推广数字化应用，鼓励旅游企业采用新技术、新模式进行创新和升级。通过推动文旅产业的数字化转型，可以进一步提高文旅产业的智能化水平和服务质量，为游客提供更加便捷、高效、有趣的旅游体验。

加强科技创新应用是推动文旅产业智能化发展的重要途径。通过利用大数据、人工智能、云计算等新技术，可以显著提高旅游服务的智能化水平和游客体验。同时，还需要推动文旅产业的数字化转型，加强数字化基础设施建设、培养数字化人才、推广数字化应用等方面的工作。只有这样，才能不断提高文旅产业的竞争力和可持续发展能力，为游客提供更加优质、便捷的旅游服务。

三、注重可持续发展，推动文旅产业绿色发展

在当今全球范围内，可持续发展已成为各领域发展的核心议题，文旅产业也不例外。作为推动地方经济发展、促进文化交流的重要力量，文旅产业在追求经济效益的同时，更需注重生态保护和环境友好，以实现绿色、可持续的发展。

文化遗产与自然资源是文旅产业的核心资源，它们的保护与合理利用是

文旅产业绿色发展的基础。首先，政府和相关机构应制定严格的保护政策，明确文化遗产与自然资源的保护范围、保护措施及责任主体，确保这些宝贵资源不受破坏。其次，在旅游规划与开发过程中，需充分考虑生态承载力，避免过度开发和利用导致的资源浪费和环境破坏。例如，在历史文化名城、风景名胜区等敏感区域，应严格控制建设规模和建筑风格，保持其原有风貌和生态环境。再次，通过科技手段，对文化遗产进行数字化记录和展示，既能满足游客的观赏需求，又能有效减少实物资源的损耗。

低碳旅游是文旅产业绿色发展的重要组成部分。它倡导游客采用环保、节能的旅游方式，减少碳排放，降低对环境的影响。为了实现这一目标，政府和旅游企业应共同努力，一方面，通过政策引导和宣传教育，提高游客的环保意识，鼓励其选择公共交通、步行、骑行等低碳出行方式；另一方面，旅游企业应积极推广绿色旅游产品和服务，如生态酒店、低碳餐饮、绿色交通等，引导游客形成绿色消费习惯。此外，还可利用大数据、人工智能等技术，优化旅游路线，减少不必要的碳排放。

旅游废弃物的处理与利用是实现文旅产业绿色发展的关键一环。随着游客数量的增加，旅游废弃物的产生量也随之增长，若处理不当，将对环境造成严重影响。旅游企业应建立完善的废弃物处理系统，确保废弃物得到及时、有效的处理。同时，应积极探索废弃物的资源化利用途径，如厨余垃圾的生物降解、废弃物的分类回收等，将废弃物转化为有价值的资源，实现“变废为宝”。此外，政府还应加大对废弃物处理技术的研发和支持力度，推动技术创新和应用，提高废弃物处理效率和质量。

绿色旅游认证与标准建设是保障文旅产业绿色发展的重要手段。通过制定严格的绿色旅游标准和认证体系，可以规范旅游企业的经营行为，引导其向绿色、可持续方向发展。政府和相关机构应加强对绿色旅游标准和认证体系的宣传和推广，提高游客和企业的认知度和参与度。同时，应定期对已认证的绿色旅游企业进行监督和评估，确保其持续符合绿色旅游标准。此外，还可建立绿色旅游奖励机制，对表现突出的旅游企业给予表彰和奖励，激发其绿色发展的积极性和创造力。

文旅产业与社区的协同发展是实现绿色发展的重要保障。一方面，旅游企业应积极参与社区建设，为社区居民提供就业机会、改善基础设施、提高生活水平等；另一方面，社区居民也应成为旅游发展的积极参与者和受益者，通过参与旅游接待、文化展示等活动，实现经济增收和文化传承。这种协同发展模式不仅有助于增强社区的凝聚力和归属感，还能促进旅游资源的可持续利用和对生态环境的保护。此外，政府和相关机构应加强对文旅产业与社区协同发展的指导和支持，推动形成互利共赢的良性循环。

在全球化背景下，加强国际合作与交流是推动文旅产业绿色发展的重要途径。通过与国际旅游组织、相关国家和地区开展交流与合作，可以借鉴其先进的绿色发展理念和经验，提高我国文旅产业的绿色发展水平和国际竞争力。一方面，可以邀请国际专家来华交流、培训，提高我国文旅产业从业者的环保意识和绿色发展能力；另一方面，可以积极参与国际旅游展会、论坛等活动，展示我国文旅产业的绿色发展成果和特色产品，提高国际影响力。同时，还应加强与国际旅游市场的对接与合作，推动绿色旅游产品和服务的国际化发展。

推动文旅产业的绿色发展需要从多个方面入手，包括加强文化遗产与自然资源的保护、推广低碳旅游方式、加强旅游废弃物的处理和利用、推动绿色旅游认证与标准建设、促进文旅产业与社区协同发展以及加强国际合作与交流等。只有这些方面齐头并进、共同发力，才能实现文旅产业的绿色、可持续发展。

第四节　新质文旅生产力的价值体系与创新方向

一、新质文旅生产力的价值体系

新质文旅生产力作为新时代文旅产业发展的重要驱动力，其主要在以下几个方面展现出深远而广泛的影响。

新质文旅生产力在经济价值上，主要体现其推动了文旅产业的创新发展。随着科技的不断进步和消费者需求的日益多样化，传统的文旅产品和服务已难以满足市场的新需求。新质文旅生产力通过引入智慧旅游、大数据、云计算等先进技术，催生出了一系列新业态、新产品和新服务，如智慧景区、虚拟旅游、沉浸式演艺等，极大地丰富了文旅市场的供给。这些新业态和新产品的出现，不仅提高了文旅产业的附加值和竞争力，还吸引了更多的游客，促进了旅游消费的增长，为地方经济发展注入了新的活力。同时，新质文旅生产力还促进了文旅产业的跨界融合。通过与农业、工业、教育等行业的深度融合，文旅产业得以拓展新的发展空间，创造出更多具有市场竞争力的文旅产品和服务。例如，乡村旅游、工业旅游、研学旅游等新型旅游形式的兴起，不仅为游客提供了更多元化的旅游体验，也为相关产业带来了新的发展机遇。

新质文旅生产力在文化价值上，主要体现在对传统文化的挖掘、传承和创新。通过科技手段将传统文化资源转化为现代化的文旅产品，新质文旅生产力不仅让游客在体验中感受到了文化的魅力，还促进了传统文化的保护和传承。新质文旅生产力利用虚拟现实、增强现实等先进技术，重现历史场景和传统文化，让游客能够身临其境地感受历史文化的厚重和魅力。例如，通过虚拟现实技术重现古代城市的风貌和建筑，让游客仿佛穿越时空，与历史进行对话。这种身临其境的体验方式，不仅增强了游客的文化认同感和归属感，还促进了传统文化的传承和发展。新质文旅生产力还注重将传统文化与现代元素相结合，创造出具有时代特色的文旅产品和服务。例如，将传统手工艺与现代设计相结合，开发出具有创意和文化内涵的旅游纪念品；将传统戏曲与现代演艺相结合，创作出具有新颖形式和深刻内涵的演艺作品等。这些创新性的文旅产品和服务，不仅满足了游客对新鲜体验的追求，也促进了传统文化的创新和发展。

新质文旅生产力在生态价值上，主要体现在其对绿色旅游和可持续发展的重视。随着全球环保意识的提高和可持续发展理念的深入人心，绿色旅游已成为文旅产业发展的重要趋势。新质文旅生产力通过引入绿色旅游理念和技术手段，推动了文旅产业与生态环境的协调发展。新质文旅生产力注重生态旅游产品的开发和推广。通过规划生态旅游线路、建设生态旅游设施、提供生态旅游服务等措施，新质文旅生产力为游客提供了更多与自然亲近、体验自然之美的机会。同时，这些生态旅游产品的开发和推广，也促进了生态旅游市场的繁荣和发展。新质文旅生产力还注重在文旅产业发展过程中保护生态环境。通过加强环保宣传和教育、制定严格的环保标准和措施、加强环保监管和执法等手段，新质文旅生产力确保了文旅产业的发展不会以牺牲生态环境为代价。这种注重生态保护的发展理念和实践，不仅有助于提高旅游品质，还实现了经济效益和生态效益的双赢。

新质文旅生产力在社会价值上的体现，主要在于其促进了就业和社会和谐。随着文旅产业的快速发展和新质文旅生产力的不断提高，越来越多的就业机会被创造出来。这些就业机会不仅为当地居民提供了更多的收入来源和职业发展机会，还促进了社会经济的稳定和繁荣。同时，新质文旅生产力还通过文旅产业的发展，促进了不同文化之间的交流和融合。通过举办各种文化节庆活动、艺术展览、文化交流活动等措施，新质文旅生产力为不同文化之间的交流和融合提供了平台。这种跨文化的交流和融合，不仅有助于增进游客对当地文化的了解和认同，还促进了社会文化的多样性和包容性。

新质文旅生产力在国际价值上的体现，主要在于其提高了国家的文化软实力。随着全球化的不断深入和文旅产业的快速发展，文旅产业已成为国家文化软实力的重要载体和展示窗口。新质文旅生产力通过提高文旅产业的竞争力和影响力，为国家文化软实力的提高作出了重要贡献。新质文旅生产力通过打造具有国际影响力的文旅品牌和产品，提高了国家的知名度和美誉度。这些具有国际影响力的文旅品牌和产品不仅吸引了更多的国际游客前来旅游观光和休闲度假，还促进了国际文化交流和合作。

此外，新质文旅生产力还通过加强与国际旅游组织和机构的合作与交流，推动了国家文旅产业的国际化发展。这些合作与交流不仅有助于学习借鉴国际先进的文旅产业发展经验和理念，还促进了国家文旅产业的国际化水平和竞争力的提高。通过加强国际合作与交流，新质文旅生产力为国家文旅产业的国际化发展提供了有力支撑和保障。

二、新质文旅生产力的创新方向

新质文旅生产力作为推动文化和旅游行业发展的重要力量，其创新方向对于整个行业的未来发展具有至关重要的作用。

科技创新是新质文旅生产力的核心驱动力，其对于文旅产业的数字化和智能化转型至关重要。随着大数据、云计算、人工智能等技术的不断发展，其在文旅产业中的应用将越发广泛和深入。大数据技术的应用可以帮助文旅企业精准分析游客的行为和需求，为游客提供更加个性化的旅游产品和服务。通过收集和分析游客在旅游过程中的各类数据，如消费习惯、偏好、行为轨迹等，文旅企业可以精准地对游客画像，进而提供定制化、差异化的旅游产品和服务，满足游客的多元化需求。云计算技术的应用可以降低文旅企业的IT 成本，提高运营效率。通过利用云计算的弹性计算和存储能力，文旅企业可以快速响应市场需求，灵活调整业务规模，同时降低 IT 硬件和软件的投入成本。此外，云计算还可以为文旅企业提供强大的数据处理和分析能力，帮助企业更好地了解市场趋势和游客需求，制定更加科学合理的营销策略。人工智能技术的应用可以提高旅游服务的智能化水平，提高游客的满意度和便捷性。例如，通过利用人工智能语音识别和自然语言处理技术，文旅企业可以开发智能客服系统，为游客提供24小时不间断的在线咨询服务。

服务创新是新质文旅生产力的重要组成部分。一是优化旅游服务的流程。通过利用大数据和人工智能技术，对旅游服务的流程进行优化和改进，提高服务的便捷性和效率。例如，通过开发智能导航系统和自助购票系统，为游客提供更加便捷的旅游服务；通过利用人工智能技术，实现智能客服和智能推荐等功能，提高服务的智能化水平。二是创新旅游服务的模式。例如，开发旅游预订平台和旅游电商平台等新型服务模式，为游客提供更加便捷、高效的旅游服务；开展定制化旅游服务，根据游客的需求和偏好，为游客提供个性化的旅游产品和服务。

市场创新是新质文旅生产力的另一个重要方向。通过拓展文旅产业的市场空间和消费群体，可以促进文旅产业的持续发展和壮大。一是可以拓展国内旅游市场。通过加强国内旅游市场的开发和宣传，吸引更多的国内游客前来旅游观光。例如，开展"全域旅游"示范区建设，推动旅游资源的整合和共享；加强旅游营销和品牌建设，提高旅游产品的知名度和美誉度。二是可以拓展入境旅游市场。通过加强入境旅游市场的开发和宣传，吸引更多的国际游客前来旅游观光。例如，可以加强与国际旅游组织和机构的合作与交流，共同开发入境旅游市场；可以加强入境旅游产品的开发和宣传，提高入境旅游产品的吸引力和竞争力。三是可以拓展新型旅游市场。例如，可以开发研学旅游、康养旅游、银发社交旅游等新型旅游市场，吸引不同类型的游客前来旅游观光。这些新型旅游市场不仅可以满足游客的多元化需求，还可以为文旅产业带来新的发展机遇和增长点。文化创新是新质文旅生产力的核心和灵魂。通过挖掘和传承地方文化，打造特色文旅品牌，可以提高文旅产品的文化内涵和附加值，增强文旅产业的竞争力和吸引力。四是可以深入挖掘地方文化的内涵和价值。通过加强对地方历史、民俗、艺术等方面的研究和挖掘，提炼出具有地方特色的文化元素和符号，为文旅产品的开发提供丰富的文化资源和素材。五是可以打造特色文旅品牌。通过结合地方文化的特点和优势，打造具有地方特色的文旅品牌和产品。例如，可以开发具有地方特色的文化旅游线路和产品，举办具有地方特色的文化旅游节庆活动，开发具有地方特色的文化旅游商品等。这些特色文旅品牌和产品不仅可以吸引游客前来旅游观光，还可以促进地方文化的传承和发展。

第七章　新质文旅生产力发展中的政策支持

第一节　地方政府在文旅产业发展中的政策实践

一、加强基础设施建设与政策支持

加强基础设施建设与政策支持，是推动文旅产业高质量发展的关键环节。地方政府在这一过程中扮演着至关重要的角色，通过完善基础设施和出台优惠政策，为文旅产业的繁荣提供了坚实的基础和有力的保障。

地方政府在文旅基础设施建设上的投入，是提高旅游体验和服务质量的重要保障。交通设施是其中的重中之重。为了改善游客的出行条件，地方政府应加大对乡村道路的建设和改造力度，提高乡村道路的通行能力和安全性。这不仅可以方便游客深入乡村腹地，感受地道的乡村风情，还能促进乡村旅游的发展，带动当地经济的繁荣。同时，政府还应加强公共交通体系的建设，如增设旅游专线、优化公交线路等，为游客提供更加便捷、高效的出行服务。除了交通设施，通信设施也是提高旅游体验的重要因素。在信息化时代，游客对于网络的需求越来越高。因此，地方政府应大力推进乡村网络覆盖，提高乡村的信息化水平。通过建设基站、铺设光纤等措施，实现乡村地区的网络全覆盖，让游客在乡村也能享受到高速、稳定的网络服务。这不仅可以满足游客的通信需求，还能为乡村旅游的线上营销和推广提供有力支持。此外，景区设施也是提高旅游体验的关键。地方政府应加强对景区的规划和管理，完善景区的各项设施，如停车场、卫生间、游客中心等。同时，还应注重景区的环境保护和生态建设，打造绿色、生态的旅游景区。这些措施可以为游客提供更加舒适、安全的旅游环境，提高游客的满意度和忠诚度。为了吸引更多的游客和投资，地方政府应出台一系列优惠政策，降低文旅企业的经营成本，提高其市场竞争力。其中，财政资金支持是其中的重要一环。地方政府可以通过设立专项基金、提供贷款贴息等方式，对文旅企业进行资金支持，帮助其渡过难关，实现持续发展。这些资金可以用于景区的建设、改造和运营等方面，提高景区的品质和吸引力。税收优惠也是地方政府常用的手段之一。通过降低文旅企业的税率、提供税收减免等方式，可以减轻企业的税负，提高其盈利能力。这些优惠措施可以激发文旅企业的创新活力，推动其不断开发新产品、新服务，满足游客的多样化需求。土地使用优惠也是地方政府吸引文旅投资的重要手段。在符合土地利用规划和环保要求的前提下，地方政府可以为文旅企业提供土地使用方面的优惠政策，如降低土地出让金、延长土地使用年限等。这些政策可以降低文旅企业的土地成本，提高其投资回报率，吸引更多的社会资本投入文旅产业。在推动文旅产业发展的过程中，地方政府还应注重优化营商环境，提高政府服务水平。通过简化审批流程、提高审批效率等方式，为文旅企业提供更加便捷、高效的政务服务。还应加强市场监管和执法力度，打击违法违规行为，维护市场秩序和消费者权益。这些措施可以为文旅企业创造一个公平、公正、透明的市场环境，促进其健康发展。

为了提高文旅产业的知名度和影响力，地方政府还应加强宣传和推广的力度。通过举办旅游节、文化节庆等活动，展示当地的自然风光和人文风情，吸引游客的关注和激发其兴趣。同时，还可以利用新媒体平台、旅游网站等渠道进行线上宣传和推广，扩大文旅品牌的知名度和影响力。这些措施可以提高文旅产业的知名度和美誉度，吸引更多的游客前来旅游和消费。在推动文旅产业发展的过程中，地方政府还应注重推动产业融合和拓展文旅产业链。通过促进文旅产业与其他产业的融合发展，如农业、科技、教育等，可以丰富文旅产品的种类和形式，提高文旅产业的附加值和竞争力。同时，还可以拓展文旅产业链上下游环节，如旅游纪念品开发、旅游演艺等，为游客提供更加全面、丰富的旅游体验。这些措施可以推动文旅产业的转型升级和高质量发展。在全球化背景下，加强国际合作与交流是推动文旅产业国际化的重要途径。地方政府可以积极与国际知名文旅企业开展合作与交流，共同开发文旅产品、拓展国际市场。同时，还可以参加国际旅游交易会、旅游博览会等活动，展示当地的文旅资源和产品，吸引国际游客的关注和兴趣。这些措施可以提高文旅产业的国际化水平和竞争力，为当地经济发展注入新的动力和活力。

加强基础设施建设与政策支持是推动文旅产业高质量发展的重要举措。地方政府应加大对文旅基础设施建设的投入力度，出台一系列优惠政策降低文旅企业的经营成本和提高其市场竞争力。同时还应优化营商环境、加强宣传推广、推动产业融合以及加强国际合作与交流等方面的工作，为文旅产业的繁荣和发展提供坚实的保障和有力的支持。

二、推动文旅融合与创新发展

推动文旅融合与创新发展，是新时代下促进文化产业与旅游业转型升级、提高综合竞争力的关键路径。地方政府在这一进程中扮演着至关重要的角色，通过一系列措施，不仅丰富了游客的旅游体验，也推动了地方文化的传承与创新发展。

地方政府在推动文旅融合的过程中，首要任务是深入挖掘和传承地方文化。每个地方都有其独特的历史背景、民俗风情和艺术形式，这些都是打造特色文旅产品的重要资源。例如，通过调研和整理地方非物质文化遗产，将其融入旅游景区的设计和开发中，打造出具有浓郁地方特色的文化旅游产品。这些产品不仅能让游客在游览过程中感受到地方文化的魅力，还能促进地方文化的传承与发展。同时，地方政府还可以鼓励和支持当地艺术家和手工艺人，通过创新设计，将传统元素与现代审美相结合，开发出具有实用性和观赏性的文创产品，进一步丰富文旅市场。为了提高地方文化的知名度和影响力，地方政府可以定期举办各类文化旅游节庆活动。这些活动不仅可以吸引游客的关注和参与，还能为地方文化的传播和展示提供一个良好的平台。例如，可以结合当地的传统节日、习俗和特色文化，策划丰富多彩的节庆活动，如庙会、音乐节、文化节等。通过活动，游客可以亲身体验地方文化的独特魅力，加深对地方文化的了解和认识。同时，地方政府还可以邀请国内外知名艺术家和文化学者参与活动，通过他们的视角和影响力，进一步提高地方文化的知名度和美誉度。

乡村旅游作为文旅产业的重要组成部分，具有广阔的发展空间和市场潜力。地方政府应注重乡村旅游企业的创新发展，通过政策引导和支持，鼓励企业开展技术创新、管理创新和服务创新。例如，支持乡村旅游企业引入先进的农业技术和设备，提高农产品的品质和产量；鼓励企业运用现代信息技术手段，如大数据、云计算等，提高乡村旅游的智能化和便捷性；加强对乡村旅游企业的培训和指导，提高其管理水平和服务质量，让游客在乡村旅游中享受到更加舒适、便捷和个性化的服务体验。

智慧旅游是现代旅游业发展的重要趋势。地方政府应积极推动智慧旅游的发展，运用现代信息技术手段提高旅游服务水平。例如，通过大数据分析游客的行为和需求，为旅游企业提供更加精准的市场分析和营销策略。此外，地方政府还可以推动智慧景区的建设，通过物联网、人工智能等技术手段，实现对景区的智能化管理和服务。这些举措不仅可以提高游客的旅游体验，还能为旅游产业的可持续发展提供有力支持。

文旅产业的创新发展不仅局限于产业内部，还可以通过与其他产业的融合发展，拓展新的增长点和发展空间。例如，可以与农业、林业、渔业等产业相结合，开发出具有地方特色的农旅、林旅、渔旅等产品；同时，可以与教育、科技、体育等产业相融合，打造出寓教于乐的研学旅游、科技旅游和体育旅游等新型旅游业态。这些融合发展的模式不仅可以丰富文旅产品的种类和形式，还能为游客提供更加全面、多元的旅游体验。此外，地方政府还可以鼓励和支持文旅企业与其他行业企业开展跨界合作，共同开发新产品、新市场和新模式，推动文旅产业的创新发展。

推动文旅融合与创新发展是新时代下促进文化产业与旅游业转型升级的重要途径。地方政府应深入挖掘地方文化、举办文化旅游节庆活动、支持乡村旅游企业创新、推动智慧旅游发展、促进文旅产业与其他产业的融合发展以及加强文旅人才培养和引进等方面的工作，为文旅产业的繁荣和发展提供坚实的保障和有力的支持。

第二节 文旅发展相关法规的完善与实施路径

一、文旅发展相关法规的完善

文旅发展相关法规的完善是确保文旅产业健康、有序、可持续发展的基石。随着文旅产业的深度融合与创新发展，法规体系的完善变得尤为重要。

针对文旅产业的特点和需求，制定专门的法律法规是首要任务。这些法律法规应明确文旅产业的定义、范围、发展目标和政策措施，为文旅产业的规范发展提供法律基础。同时，随着文旅融合发展的新趋势和新要求，对现有的相关法律法规进行修订和完善也是至关重要的。例如，《中华人民共和国文物保护法》和《中华人民共和国旅游法》等核心法规需要根据文旅产业的发展现状和未来趋势进行适时调整，以确保其适应性和有效性。在修订过程中，应充分考虑文旅产业的特殊性，如文化遗产的保护与利用、旅游资源的开发与整合等，以法规的形式明确相关标准和要求。为了确保文旅产业的各个环节都有明确的法规依据和监管标准，需要对法规内容进行细化。这包括对文旅项目的规划、审批、建设、运营等各个环节的法规要求，以及文旅企业的资质、服务、安全等方面的监管标准。通过细化法规内容，可以实现对文旅产业的全方位、多层次监管，确保产业的健康有序发展。同时，加强法规的执行力也是关键。政府应建立健全文旅产业的监管机制，加大对违法违规行为的查处力度，确保法规的严肃性和权威性。文旅产业的发展涉及多个领域和部门，加强文旅法规与其他相关法规的衔接与协调至关重要。这包括与城市规划、土地利用、环境保护等法规的协调一致。在制定文旅法规时，应充分考虑这些法规的要求和限制，确保文旅产业的发展符合城市整体规划和可持续发展的要求。同时，应建立跨部门的协调机制，加强部门间的信息共享和沟通协作，共同推动文旅产业的健康发展。

为了形成完整的文旅法规体系，需要制定配套的规章、细则和政策文件。这些规章、细则和政策文件是对文旅法规的具体化和补充，可以为文旅产业的规范发展提供更加具体和可操作的指导。例如，可以制定文旅项目的审批流程、文旅企业的服务标准、文旅活动的安全规范等规章和细则。同时，根据文旅产业的发展需求和政策导向，出台相应的政策文件，为文旅产业的创新发展提供政策支持和保障。文旅法规的完善不仅需要在制定和修订上下功夫，还需要加强宣传教育与普及工作。政府应通过各种渠道和形式，加强对文旅法规的宣传和教育，提高公众对文旅法规的认知度和遵守意识。例如，可以举办文旅法规的培训班、讲座和研讨会等活动，邀请专家学者和业界人士进行解读和分享。同时，利用媒体和社交平台等渠道，发布文旅法规的相关信息和案例，提高公众的参与度和关注度。通过这些措施，可以推动文旅法规的深入实施和有效执行。为了确保文旅法规的适应性和有效性，需要建立健全文旅法规的评估与反馈机制。这包括对文旅法规的实施效果进行定期评估和分析，了解法规在实际操作中的问题和困难；同时，收集公众、企业和相关部门的意见和建议，及时对法规进行修订和完善。通过建立这种评估与反馈机制，可以确保文旅法规始终与文旅产业的发展保持同步，为文旅产业的持续健康发展提供全面的法律保障。

文旅发展相关法规的完善是确保文旅产业健康、有序、可持续发展的关键。首先，政府应加强文旅法规的制定与修订工作，细化法规内容，强化监管标准与执行力。其次，加强与其他相关法规的衔接与协调，制定配套的规章、细则和政策文件。再次，加强宣传教育与普及工作，提高公众对文旅法规的认知度和遵守意识。最后，建立健全文旅法规的评估与反馈机制，确保法规的适应性和有效性。通过这些措施，可以推动文旅产业的持续健康发展，为人民群众提供更加丰富多彩的文化和旅游体验。

二、文旅发展相关法规的实施路径

文旅发展相关法规的实施路径是确保文旅产业健康、有序、可持续发展的关键环节。文旅法规的宣传与普及是其实施的基础。政府应充分利用媒体、网络、宣传册等多种形式，广泛宣传文旅法规，使公众了解并认识到文旅法规的重要性。通过媒体宣传，如电视、广播、报纸等，可以迅速将文旅法规的内容传播给广大公众，提高其认知度。同时，利用网络平台，如官方网站、社交媒体等，可以发布文旅法规的最新动态和解读，方便公众随时查阅和学习。此外，制作并发放宣传册、海报等宣传材料，也是提高公众对文旅法规认知度的有效途径。

除了面向公众的宣传，加强对文旅从业人员的培训和教育同样重要。政府应组织定期的法规培训，邀请法律专家或行业内的资深人士进行授课，提高文旅从业人员的法律素养和法规执行能力。同时，鼓励文旅企业自行组织内部培训，将文旅法规纳入员工考核体系，确保每位员工都能严格遵守文旅法规，为游客提供优质的服务。建立健全文旅法规的监管机制是确保其实施的关键。政府应加强对文旅市场的日常监管和专项检查，确保文旅企业严格遵守文旅法规。通过定期检查、随机抽查等方式，对文旅企业的经营行为、服务质量、安全状况等方面进行全面检查，及时发现并纠正违法违规行为。同时，加大对违法违规行为的查处力度是维护文旅市场良好秩序的必要手段。对于违反文旅法规的行为，政府应依法进行严厉打击，如罚款、吊销营业执照等，以儆效尤。此外，建立举报投诉机制，鼓励公众参与文旅法规的监督，是及时发现和处理违法违规行为的有效途径。政府应设立专门的举报投诉渠道，如热线电话、网络平台等，方便公众随时反映问题。对于公众反映的问题，政府应及时受理和处理，确保文旅市场的健康有序发展。

文旅产业的创新发展是推动其持续繁荣的重要动力。政府应鼓励文旅产业在法规框架内进行创新实践，探索文旅融合发展的新模式和新路径。通过举办文旅产业创新大赛、设立创新基金等方式，激发文旅企业的创新活力，推动文旅产业的转型升级。此外，加强对文旅产业新业态、新模式的监管和研究是确保文旅产业健康发展的必要措施。随着科技的进步和消费者需求的多样化，文旅产业不断涌现出新的业态和模式，如数字文旅、智慧旅游等。政府应密切关注这些新业态和模式的发展动态，及时修订和完善相关法规，以适应文旅产业的创新发展需求。通过制定针对性的法规和政策，为文旅产业的创新发展提供有力的法律保障和支持。

为了确保文旅法规的有效实施，政府应完善相关配套措施。首先，建立文旅法规数据库和信息系统，实现对文旅法规的集中管理和信息共享。这有助于公众和文旅企业更方便地了解文旅法规的内容和要求，提高法规的透明度和可操作性。其次，建立文旅法规的评估机制，定期对文旅法规的实施效果进行评估和分析。通过评估结果，政府可以及时了解文旅法规的适应性和有效性，为后续的法规修订和完善提供科学依据。此外，政府还应加强对文旅法规的宣传和解释工作，通过举办讲座、研讨会等活动，提高公众对文旅法规的理解和支持。文旅产业的发展涉及多个部门和领域，如文化、旅游、市场监管等。为了确保文旅法规的有效实施，政府应加强跨部门协作和信息共享，形成合力推动文旅产业的发展。通过建立跨部门协作机制，明确各部门的职责和分工，加强沟通和协调，共同推动文旅法规的实施。同时，建立信息共享平台，实现各部门之间的信息共享和交流。这有助于及时发现和处理文旅产业中的问题和风险，提高文旅法规的实施效率和效果。

公众参与是文旅法规实施的重要力量。政府应鼓励公众参与文旅法规的监督和实施过程，构建共建共治共享的文旅法规实施格局。首先，建立公众参与机制，如公众听证会、意见征询等，让公众有机会表达自己对文旅法规的看法和建议。这有助于增强公众对文旅法规的认同感和支持度。其次，加强公众监督力度，鼓励公众通过举报投诉等方式参与文旅法规的监督过程。政府应设立专门的举报投诉渠道和奖励机制，鼓励公众积极反映问题并提供线索。同时，加强对举报投诉的处理和反馈工作，确保公众反映的问题得到及时有效解决。通过这些措施的实施，可以构建更加完善的文旅法规实施体系，推动文旅产业的健康有序发展。

文旅发展相关法规的实施路径包括加强法规的宣传与普及、强化法规的监管与执法、推动法规的创新与发展、完善法规配套措施、加强跨部门协作与信息共享、强化公众参与与监督等方面。通过这些措施的实施，可以确保文旅法规的有效实施和文旅产业的健康有序发展。

第三节 政府、企业与社会层面的协作保障

政府、企业与社会层面的协作保障在新质文旅生产力的发展中扮演着至关重要的角色。政府应发挥主导作用，制定相关政策，引导和激励企业和社会资本投入文旅产业，形成多元化的投资格局。企业作为文旅产业的主体，应积极参与文旅项目的开发和运营，提高文旅产品和服务的质量。同时，企业还可以与政府合作，共同推进文旅产业的数字化、智能化建设，提高文旅产业的科技含量和竞争力。社会层面则可以通过志愿服务、公益活动等方式，为文旅产业的发展提供人力、物力等方面的支持。政府、企业与社会三方的紧密协作，将有力推动新质文旅生产力的发展，为广西区域经济的协同发展注入新的活力。此外，政府、企业和社会组织之间应建立良好的沟通机制，及时分享信息、交流经验，共同解决文旅产业发展中遇到的问题和挑战。通过政府、企业和社会层面的紧密协作，可以形成合力，推动新质文旅生产力的发展。

在新质文旅生产力的发展过程中，产学研用合作机制是推动文旅产业创新升级的关键。企业应积极与高校、科研机构等建立紧密的合作关系，共同开展文旅产业的创新研发和技术攻关。这种合作模式有助于整合各方资源，实现优势互补，加速科技成果的转化和产业化发展。企业可以通过与高校、科研机构等合作，共同研发新的文旅产品、服务和技术，提高文旅产业的核心竞争力。同时，企业还可以借助高校和科研机构的人才优势，培养一批具备专业技能和创新能力的文旅人才，为文旅产业的持续发展提供人才保障。此外，产学研用合作机制还有助于推动文旅产业的标准化和规范化发展。通过共同制定行业标准和技术规范，可以提高文旅产业的整体水平和质量，为消费者提供更加优质的文旅产品和服务。

文旅产业的健康发展离不开行业自律和协作。文旅企业应自觉遵守行业规范和法律法规，提高服务质量和管理水平，为消费者提供安全、舒适、便

捷的文旅体验。为了实现这一目标，文旅企业可以建立行业协会或联盟，加强企业之间的信息共享、资源整合和协同合作。通过定期举办行业会议、研讨会等活动，企业可以共同交流经验、分享资源，推动文旅产业的协同发展。同时，行业协会或联盟还可以发挥监督作用，对文旅企业的经营行为和服务质量进行监督和评估。对于存在违规行为或服务质量不达标的企业，行业协会或联盟可以给予警告、处罚等处理，维护文旅产业的良好秩序和形象。文旅产业的发展离不开社会各界的参与和监督。

此外，政府应鼓励社会各界积极参与文旅产业的发展和监督，形成政府、企业和社会共同推动文旅产业发展的良好氛围。政府可以通过制定相关政策、提供资金支持和税收优惠等措施，引导社会资本投入文旅产业，推动文旅产业的多元化和跨界发展。同时，政府还可以加强与社会各界的沟通和联系，听取他们的意见和建议，不断完善文旅产业政策和服务体系。社会各界还可以通过舆论监督和社会监督等方式，对文旅产业的发展进行监督和评估。媒体可以发挥舆论监督作用，及时报道文旅产业中的问题和不足，推动文旅产业的持续改进和优化。消费者也可以通过投诉、举报等方式，对文旅企业的经营行为和服务质量进行监督和评价，维护自己的合法权益。

第八章　新质文旅生产力与广西区域经济的协同发展

第一节　区域经济发展与文旅资源分布的协调关系

一、文旅资源分布促进区域经济发展多元化

文旅资源分布促进区域经济发展多元化，这一观点在广西乃至全国范围内都有着深刻的实践意义和理论价值。文旅资源作为区域经济发展的重要支柱，其多样性和独特的吸引力，不仅为当地带来了显著的经济效益，更推动了区域经济的多元化发展，为地方经济的可持续发展奠定了坚实基础。

文旅资源的分布状况与区域经济的多元化发展之间存在着密切的内在联系。文旅资源包括自然风光、历史文化、民俗风情等多个方面，这些资源往往具有不可复制性和独特性，能够吸引大量游客前来观光游览。随着游客数量的增加，旅游业逐渐成为当地经济的重要支柱，带动了餐饮、住宿、交通等相关产业的发展，形成了多元化的经济结构。这种多元化的经济结构不仅提高了区域经济的抗风险能力，还促进了就业和居民收入的增长，为地方经济的可持续发展提供了有力支撑。文旅资源对旅游业的驱动作用不容忽视。在广西，桂林以其独特的山水风光和丰富的民族文化资源而闻名遐迩，成为国内外游客争相前往的旅游胜地。桂林的文旅资源不仅吸引了大量游客，还推动了当地旅游业的快速发展。从旅游收入来看，桂林的旅游收入占当地GDP的比重逐年上升，成为当地经济的重要增长点。同时，旅游业的发展还带动了餐饮、住宿、交通等相关产业的繁荣，形成了完整的产业链条，为当

地经济的多元化发展提供了有力保障。文旅资源的开发与利用是实现区域经济多元化的关键。为了充分发挥文旅资源的潜力，广西各地纷纷加强了对文旅资源的开发和利用。一方面，通过加强基础设施建设，提高旅游服务质量，打造具有地方特色的旅游产品，吸引更多游客前来游览。另一方面，通过挖掘和保护地方文化资源，传承和弘扬民族文化，提高旅游产品的文化内涵和附加值。例如，桂林在开发山水旅游资源的同时，还注重挖掘和保护当地的民族文化资源，推出了具有地方特色的文化旅游产品，吸引了大量游客前来体验。

文旅资源的发展不仅为当地带来了显著的经济效益，还促进了就业和居民收入的增长。随着旅游业的繁荣，当地餐饮业、住宿业、交通业等相关产业也得到了快速发展。这些产业的发展为当地居民提供了大量的就业机会，提高了他们的收入水平和生活质量。同时，旅游业的发展还带动了当地农产品的销售和手工艺品的生产，为农村居民提供了更多的增收渠道。这种多元化的就业和收入来源，不仅增强了当地经济的抗风险能力，还促进了社会的和谐稳定。文旅资源的发展不仅促进了区域经济的多元化发展，还推动了地方文化的传承与创新。在开发文旅资源的过程中，当地政府和居民逐渐认识到保护和传承地方文化的重要性。他们通过举办文化节庆活动、开展文化交流活动等方式，传承和弘扬了当地的民族文化。同时，他们还注重将地方文化元素融入旅游产品中，提高了旅游产品的文化内涵和附加值。这种文化传承与创新的方式，不仅丰富了当地的文化生活，还提高了旅游产品的吸引力，为区域经济的多元化发展注入了新的活力。

文旅资源分布对区域经济发展多元化具有显著影响。在广西桂林等地，丰富的文旅资源已经成为推动当地经济多元化发展的重要驱动力。

二、区域经济发展优化文旅资源配置与利用

区域经济的发展水平是衡量一个地区综合实力的重要指标，它不仅关系到当地人民的生活水平，也直接影响到文旅资源的配置和利用效率。随着区域经济的持续发展，文旅资源作为推动地方经济发展的重要引擎，其配置和利用的优化显得尤为重要。

第一，区域经济的发展为文旅资源的开发和保护提供了必要的资金和技术支持。随着投入的增加，文旅资源的品质得到了显著提高，不仅体现在硬件设施的建设上，更在于文化内涵的挖掘和呈现上。例如，通过修复历史遗

迹、提高景区环境、丰富展览内容等方式，使得文旅资源更具吸引力和教育意义。同时，区域经济的发展也促使人们更加重视文旅资源的可持续利用，通过科学规划和管理，确保文旅资源在开发中得到有效保护，实现经济效益、社会效益和环境效益的和谐统一。

第二，区域经济的发展推动了文旅资源的整合和联动发展。在区域经济一体化的背景下，各地政府和企业开始寻求跨区域的合作，共同打造文旅品牌，实现资源共享和优势互补。这种区域整合与联动发展的模式，不仅有助于打破行政壁垒，促进文旅资源的自由流动和优化配置，还能激发区域经济的内生动力，实现共赢发展。

第三，区域经济的发展使得文旅市场日益成熟和多元化。在市场导向的策略下，文旅资源的配置和利用更加注重满足游客的多样化需求。通过市场调研和分析，了解游客的消费心理和行为特点，制定针对性的文旅产品和服务策略。例如，针对年轻游客群体，推出时尚、潮流的文旅活动和产品；针对家庭游客，提供亲子互动、寓教于乐的文旅体验。市场导向的策略，不仅有助于提高文旅资源的吸引力和游客的满意度，还能促进文旅资源的优化配置和高效利用。

第四，区域经济的发展离不开政策的支持和监管的保障。在文旅领域，政府通过出台一系列政策措施，为文旅资源的开发和保护提供指导和支持。例如，制定文旅产业发展规划、提供财政补贴和税收优惠、建立文旅资源保护机制等。同时，政府还加强对文旅市场的监管和管理，打击违法违规行为，维护市场秩序和消费者权益。政策支持与监管的保障，不仅有助于推动文旅资源的可持续利用和健康发展，还能提高区域经济的整体竞争力和形象。

第五，区域经济的发展对文旅资源的配置和利用具有深远的影响。通过提高文旅资源品质、推动资源整合和联动发展、加强政策支持与监管等措施，可以进一步优化文旅资源的配置和利用效率，推动区域经济的持续健康发展。

综上所述，区域经济的发展与文旅资源的开发是相互促进、协同发展的关系。一方面，区域经济的发展为文旅资源的开发和保护提供了资金、技术和人才支持；另一方面，文旅资源的开发和利用又促进了区域经济的多元化和可持续发展。通过加强文旅资源与地方经济的融合发展，可以实现产业结构的优化升级和经济动能的转换。例如，将文旅资源与农业、工业、服务业等产业相结合，打造文旅融合发展的新模式和新业态。通过文旅产业的发展带动相关产业链的延伸和完善，促进地方经济的全面发展和繁荣。

第二节　文旅生产力对广西城乡一体化的促进作用

一、文旅融合推动城乡产业协同发展

在当今经济快速发展的背景下，文旅融合作为一种新兴的发展模式，正逐渐成为推动城乡产业协同发展的重要力量。特别是在广西这样的地区，凭借其丰富的农业资源和独特的民族文化，文旅融合不仅促进了乡村空间的产业发展，还推动了城乡之间的产业互动与转型升级。

文旅融合在广西的发展，首先体现在对城乡经济的积极影响上。在乡村地区，依托丰富的农业资源和独特的民族文化，乡村旅游和休闲农业得以快速发展，吸引了大量游客前来观光、休闲和体验。这不仅为乡村地区带来了直接的经济收益，还带动了相关产业的发展，形成了多元化的经济收入来源。

文旅融合在广西的发展，推动了城乡之间的文化交流与互动。通过乡村旅游，城市居民能够亲身体验乡村的传统文化和生活方式，了解乡村的历史变迁和人文风貌。这种面对面的文化交流，有助于打破城乡之间的文化隔阂，增进城乡居民之间的理解和友谊。同时，农民也能够从城市游客那里学习到先进的文化理念和生活方式，促进乡村文化的现代化和多元化发展。这种双向的文化交流与互动，为城乡产业的协同发展提供了丰富的文化资源和智力支持。

文旅融合在广西的发展，推动了农业产业的转型升级。传统农业往往以生产初级农产品为主，附加值较低，市场竞争力有限。而文旅融合则通过发展乡村旅游和特色农产品加工，将传统的农产品转化为具有文化内涵的旅游商品，提高了农产品的附加值和竞争力。例如，广西的一些传统农业地区通过发展乡村旅游，将当地的特色农产品如茶叶、水果、农产品加工品等转化为旅游商品，吸引了大量游客前来购买。这不仅提高了乡村地区的经济实力，也为城市居民提供了更多样化的消费选择，推动了城乡产业的协同发展。

文旅融合在广西的发展，促进了乡村旅游的多元化发展。在广西，乡村旅游不再仅仅局限于观光和休闲，而是涵盖了文化体验、生态农业、乡村旅游综合体等多种形式。通过挖掘和展示乡村的传统文化和生态资源，乡村旅游得以向更深层次和更广泛领域拓展。例如，一些地区通过举办文化节庆活

动、民俗表演等方式，丰富了乡村旅游的文化内涵和娱乐体验；一些地区则通过发展生态农业和乡村旅游综合体，将农业、旅游和文化三者紧密结合，形成了独具特色的乡村旅游模式。这种多元化的乡村旅游发展模式，不仅满足了游客的多样化需求，也推动了乡村经济的多元化发展。

文旅融合作为推动城乡产业协同发展的重要力量，在广西的发展中发挥着重要作用。这种协同发展不仅体现在经济层面的互补互助，更在文化、生态等多个维度实现了深度交融。文旅融合作为一种新型的发展模式，通过整合城乡的文化旅游资源，打破了传统的地域界限，使得城乡之间的产业联系更加紧密。随着文旅融合的深入推进，广西越来越多的乡村地区开始依托自身的文化特色和自然资源，发展起独具特色的文化旅游产业。同时，城市地区也积极引入乡村元素，打造具有乡土气息的旅游项目，从而实现了城乡之间的产业互动和资源共享。这种协同发展模式不仅提高了广西的整体经济实力，也为城乡居民提供了更多元化的就业机会和生活方式选择。通过促进城乡经济、文化交流与互动、农业产业转型升级、乡村旅游的多元化发展等方面的工作，文旅融合为广西城乡产业的协同发展注入了新的活力和动力。

二、文旅项目促进城乡资源要素流动

在当今社会，文旅项目作为一种综合性的发展模式，其在促进城乡资源要素流动和优化配置方面发挥着至关重要的作用。通过实施一系列文旅项目，不仅能够有效整合城乡的文化旅游资源，还能带动资本、技术、人才等关键要素在城乡之间的自由流动和高效配置。特别是在广西这样的地区，文旅项目的开发和运营不仅推动了城乡之间的经济联系和互动，还促进了文化交流和融合，为城乡的协同发展注入了新的活力。

文旅项目的开发和运营，带来了资源要素的流动。一方面，城市资本和人才因文旅项目的需要而流向乡村地区。这些资源的流入，不仅为乡村地区提供了必要的资金支持和技术支持，还带来了先进的管理经验和市场理念，为乡村地区的文旅产业发展注入了新的活力。另一方面，乡村地区的文旅资源和特色农产品也通过文旅项目向城市市场输出。这种输出不仅满足了城市居民对乡村旅游和特色农产品的需求，也促进了乡村地区经济的发展和农民收入的增加。这种资源要素的双向流动，不仅加强了城乡之间的经济联系，也推动了城乡之间的协同发展。

文旅项目在促进城乡资源要素流动方面呈现出更加多元化和智能化的趋

势。一方面，随着科技的不断进步和创新，文旅项目将更加注重运用互联网、大数据、人工智能等先进技术手段，提高文旅项目的智能化水平和游客体验度。另一方面，随着消费者需求的不断变化和升级，文旅项目也将更加注重多元化发展，通过挖掘和展示乡村地区的多元文化和生态资源，形成独具特色的文旅产品和线路。这些趋势将有助于进一步推动城乡资源要素的流动和优化配置，促进城乡之间的协同发展和共同富裕。

第九章　广西新质文旅生产力的人才建设与教育体系

第一节　文旅产业对复合型人才的需求分析

一、文旅融合背景下的复合型人才需求

文旅融合背景下的复合型人才需求，不仅体现在传统旅游行业的转型升级上，更在新兴业态的快速发展中显得尤为关键。

在文旅融合的背景下，跨界合作成为推动产业创新的重要途径。复合型人才需要具备跨越不同领域进行合作的能力，能够将文化、旅游、科技、教育等多个领域的知识和资源进行有效整合。例如，在策划和实施大型文化旅游项目时，需要与文化遗产保护专家、城市规划师、市场营销人员、IT 技术人员等多方合作，共同推动项目的成功落地。这种跨界合作不仅要求人才具备广泛的知识面，还需要具备良好的沟通能力和团队协作精神，能够在不同背景和专业的人员之间架起沟通的桥梁，确保项目的顺利进行。随着数字技术的快速发展，文旅产业也在经历着数字化转型。复合型人才需要掌握数字技术在文旅领域的应用，如大数据分析、人工智能、虚拟现实、增强现实等，以推动文旅产品的创新和服务升级。复合型人才需要不断学习新技术，并将其应用到文旅产业的实践中，以推动产业的创新和发展。在全球化的背景下，文旅产业的国际化发展已成为趋势。复合型人才需要具备国际化视野，了解全球文旅产业的最新动态和发展趋势，同时掌握跨文化交流的能力，能够在国际舞台上与不同文化背景的人员进行有效沟通。例如，在策划国际旅游线

路和推广旅游产品时，能够深入了解目标市场的文化背景和游客需求，以确保产品的适销对路。此外，在国际合作项目中，也需要具备跨文化沟通的能力，以协调各方利益，推动项目的顺利进行。复合型人才需要不断提高自己的国际化素养和跨文化交流能力，以适应文旅产业的国际化发展需求。

文旅产业是一个不断发展和变化的领域，新的理念、技术、业态不断涌现。复合型人才需要具备持续学习和自我提高的能力，以适应产业的变化和发展。这包括关注行业动态、参加专业培训、学习新知识和技能等方面。通过持续学习，可以不断提高自己的专业素养和综合能力，保持与产业发展的同步。同时，自我提高也包括对个人职业规划的反思和调整，根据产业发展的趋势和个人的兴趣特长，不断明确自己的职业定位和发展方向。只有这样，才能在激烈的竞争中保持竞争力，实现个人与产业的共同发展。以广西桂林的某文化旅游综合体项目为例，该项目旨在将当地的历史文化资源与现代旅游设施相结合，打造具有独特魅力的文旅目的地。在项目策划和实施过程中，复合型人才发挥了关键作用。一方面，他们利用自己的文化素养和专业技能，深入挖掘当地的历史文化资源，将其融入旅游产品的设计和开发中。另一方面，他们利用数字技术和创新理念，打造了一系列具有互动性和体验性的旅游产品，提高了游客的旅游体验。此外，他们还积极与国内外相关机构和企业开展合作，共同推动项目的落地和发展。在这个过程中，复合型人才的专业素养、创新能力、团队协作精神和跨文化交流能力都得到了充分的展现和提高。

文旅融合背景下的复合型人才需求是多方面的、综合性的。他们不仅需要具备专业技能与文化素养，还需要具备跨界合作与资源整合能力、数字技术应用与创新、国际化视野与跨文化交流以及持续学习与自我提高的能力。

二、数字化发展对复合型人才的需求

随着数字经济的蓬勃发展，文旅产业与数字科技的融合已成为大势所趋。这一趋势不仅推动了文旅新业态的快速增长，也为文旅产业的转型升级提供了强大动力。在这一背景下，产业迫切需要那些既懂文旅业务又具备数字化技能的复合型人才。他们既是文旅领域的专家，又精通数据分析、人工智能、云计算等前沿技术，能够将数字科技有效应用于文旅产品的设计、开发、运营和推广中。例如，数据分析师能够运用大数据分析工具，深入挖掘消费者的旅游偏好和消费行为，为文旅产品的精准营销和个性化定制提供有力支持；

数字营销专家则能够运用社交媒体、搜索引擎优化等数字化营销手段，提高文旅产品的知名度和美誉度，吸引更多游客的关注。

在数字化时代，消费者的需求变得更加个性化、定制化和多元化。传统的文旅产品和服务已难以满足现代消费者的需求，他们更加注重旅游体验的独特性和互动性。复合型人才需要具备创新思维和市场洞察力，能够敏锐地捕捉到市场的新趋势和新需求，并通过数字化手段为消费者提供更加精准和优质的服务。他们不仅要关注消费者的显性需求，更要深入挖掘其潜在需求，通过创意设计和数字化技术，打造独具特色的文旅产品和服务。例如，在旅游线路的设计上，复合型人才可以运用虚拟现实技术，为游客提供沉浸式的旅游体验，让他们仿佛置身于真实的场景中；在旅游服务的提供上，他们可以通过智能客服系统，为游客提供 24 小时不间断的在线咨询和投诉处理服务，提高游客的满意度和忠诚度。数字化工具在文旅场景中的应用日益广泛，为文旅产业的创新发展提供了无限可能。复合型人才需要熟练掌握各种数字化工具，如社交媒体、移动应用、在线支付等，并能够将其与文旅场景进行深度融合。他们不仅要了解这些工具的基本功能和操作方法，还要能够灵活运用它们来优化文旅产品的设计和运营流程。例如，在旅游营销方面，复合型人才可以利用社交媒体平台，通过内容营销、互动营销等手段，提高文旅产品的曝光度和参与度；在旅游服务方面，他们可以通过移动应用和在线支付系统，为游客提供更加便捷和高效的旅游服务体验。

数据驱动决策已成为现代企业管理的重要趋势。在文旅产业中，复合型人才需要掌握数据分析技能，能够运用数据分析工具对文旅数据进行深入挖掘和分析，为企业的决策提供科学依据。他们不仅要关注数据的准确性和完整性，还要能够从中发现规律和趋势，为文旅产品的优化和创新提供有力支持。例如，在旅游线路的优化方面，复合型人才可以通过分析游客的出行轨迹和停留时间等数据，找出游客最感兴趣的景点和活动，从而优化旅游线路的设计；在旅游服务的改进方面，他们可以通过分析游客的满意度和投诉数据，找出服务中的不足之处，并提出改进措施和建议。

数字化发展对复合型人才的需求是多方面的、综合性的。他们不仅需要具备数字化技术的应用能力、创新思维能力和市场需求洞察力，还需要掌握数字化工具与文旅场景的深度融合、数据驱动决策与文旅产业的精细化管理等技能。

第二节　广西文旅人才培养的教育体系建设

一、教育内容与课程体系的优化

广西作为中国与东盟国家交流的重要门户，其文旅教育的发展应紧密围绕这一区域特色，明确专业定位，以更好地服务于地方经济社会发展。在专业设置上，不仅要涵盖旅游管理、文化产业管理、酒店管理、会展经济与管理等传统文旅相关专业，还应结合广西与东盟国家的旅游合作背景，增设或强化与东盟旅游市场相关的特色课程。例如，可以开设东盟旅游文化、东盟旅游市场营销、东盟旅游法规等课程，使学生深入了解东盟国家的旅游资源和市场特点，为未来的国际合作打下坚实基础。

同时，课程设置上还需注重培养学生的国际视野和跨文化交际能力。外语课程，特别是东盟国家语言的学习，应成为文旅教育的重要组成部分。通过加强外语教学，提高学生的语言沟通能力和国际交流能力。此外，跨文化交际课程也应得到重视，通过案例分析、模拟演练等方式，帮助学生掌握不同文化背景下的交际技巧，为他们在国际旅游市场中脱颖而出提供有力支持。实践教学是文旅教育不可或缺的一环。为了使学生更好地掌握专业技能和实践能力，学校应加强与旅游企业、文化机构等的合作，共同开发实践教学项目。这些项目可以包括旅游线路设计、酒店运营管理、会展活动策划等，使学生在真实的工作环境中得到锻炼和提高。目前，广西的旅游专业在校企合作方面已取得了一定进展，但仍需进一步深化合作。学校应主动与企业对接，了解企业的实际需求，共同制订教学计划、课程设置和教学内容。同时，企业也应积极参与教学过程，为学生提供实习实训机会，甚至可以直接参与课程开发和教学工作中。这种深度的校企合作模式，不仅可以提高学生的实践能力，还可以为企业培养更多符合市场需求的高素质人才。随着数字化时代的到来，文旅产业也在经历着深刻的变革。为了适应这一变化，文旅教育的课程体系也应不断创新，融合新技术与新理念。例如，可以开设智慧旅游、旅游大数据分析、旅游电子商务等课程，使学生掌握数字化时代下的旅游管理和营销技能。同时，还应注重培养学生的创新思维和创业能力，通过开设创业基础、创新思维训练等课程，激发学生的创业热情和创新潜能。

教育内容与课程体系的优化是提高文旅教育质量的关键所在。通过明确专业定位、加强实践教学与校企合作、创新课程体系、提高师资队伍素质、拓宽国际化视野以及建立完善的教学质量评估体系等措施，可以培养出更多符合市场需求的高素质文旅人才，为广西乃至全国的文旅产业发展提供有力的人才支撑。

二、教育质量与师资队伍的提高

在文旅教育领域，师资队伍的质量直接关系到教学水平和学生的培养质量。为了提高师资队伍的整体实力，我们应从多个方面入手。首先，要积极引进一批具有丰富实践经验和深厚理论素养的文旅教育专家。这些专家不仅应具备扎实的专业知识，还应熟悉文旅产业的最新动态和发展趋势，能够将行业前沿的知识和技能引入课堂，为学生提供更加实用和前沿的教学内容。同时，我们还应注重培养本校的骨干教师，通过提供更多的学习和进修机会，帮助他们不断提高自己的专业素养和教学能力。

除了引进和培养人才外，我们还应鼓励教师积极参与国内外学术交流与合作。这不仅可以拓宽教师的学术视野，提高他们的教学水平和科研能力，还可以为学校和教师提供更多的合作机会和资源。通过参与学术交流活动，教师可以了解国内外的教育理念和教学方法，借鉴先进的教学经验，从而不断优化自己的教学设计和教学策略。为了确保师资队伍的持续发展，我们应建立完善的教师培训体系。这个培训体系应包括新教师培训、在职教师继续教育和骨干教师研修等多个层次和方面。新教师培训应侧重于教学基本功和职业素养的培养，帮助他们尽快适应教学环境，掌握教学技巧。在职教师继续教育则应注重更新教育理念、提高教学水平和拓宽知识面，使他们能够更好地适应教育教学改革和文旅产业发展的需求。骨干教师研修则应更加注重科研能力和学术水平的提高，为他们提供更多的科研支持和资源，鼓励他们积极参与科研项目和学术交流活动。在培训方式上，我们可以采取多种形式，如专家讲座、研讨会、工作坊、在线学习等。这些培训方式可以根据教师的不同需求和兴趣进行个性化定制，确保培训内容的针对性和实效性。同时，我们还应加强对教师的考核和评价，确保他们真正掌握了培训内容和技能，并将所学应用到教学中去。教育质量保障体系是提高教育教学质量的重要保障。为了建立完善的教育质量保障体系，我们应首先建立教学质量监控和评估机制。这个机制应包括定期的教学检查、学生评教、同行评教和专家评教等多个环节。通过这些环节，我们可以及时了解教学过程中的问题和不足，并采取相应的措施进行改进和优化。除了内部监控和评估外，我们还应加强与国内外知名文旅教育机构的交流与合作。这些机构通常拥有先进的教育理念和教学方法，我们可以借鉴他们的经验和做法，不断提高自己的教学质量和水平。同时，我们还可以邀请这些机构的专家来校开展讲座和交流活动，为学生提供更多的学习机会和资源。

学生是教学的主体，他们的反馈和意见对于改进教学质量至关重要。我们应鼓励学生积极参与教学评价和反馈活动。这可以通过设置学生评教系统、开展学生座谈会等方式来实现。通过收集学生的反馈和意见，我们可以更加准确地了解教学效果和学生的学习需求，从而及时调整教学策略和方法。同时，我们还应注重培养学生的自主学习能力和批判性思维能力。这不仅可以提高学生的综合素质和竞争力，还可以为他们提供更多的学习机会和资源。在教学过程中，我们可以通过设置问题情境、引导学生参与讨论和实践活动等方式来培养学生的自主学习能力和批判性思维能力。随着文旅产业的不断发展和变化，课程设置和教学方法也应随之调整和优化。我们应密切关注文旅产业的最新动态和发展趋势，根据行业需求和学生特点来优化课程设置和教学方法。例如，可以增加与文旅产业相关的实践课程和案例分析课程，让学生更好地了解行业现状和发展趋势；同时，还可以采用项目式学习、翻转课堂等新型教学方法来激发学生的学习兴趣和主动性。在优化课程设置和教学方法的过程中，我们还应注重培养学生的创新能力和实践能力。这可以通过设置创新实践项目、开展校企合作等方式来实现。通过这些项目和实践活动，学生可以接触到更多的实际问题和挑战，从而培养他们的创新思维和实践能力。校园文化与学风建设是提高教育教学质量的重要保障之一。我们应注重营造积极向上、勤奋好学的校园文化氛围和学风环境。这可以通过举办各种学术讲座、文化活动、技能竞赛等方式来实现。这些活动不仅可以丰富学生的课余生活、提高他们的综合素质和竞争力，还可以激发他们的学习热情和创造力，为他们的未来发展打下坚实的基础。

此外，还应加强对学生日常行为的规范和引导。通过制定完善的学生管理制度和行为规范体系来约束学生的行为举止；同时，还可以通过开展各种主题教育活动来引导学生树立正确的世界观、人生观和价值观。这些措施可以有效地促进学生的全面发展和健康成长，为教育教学质量的提高提供有力的保障。

第三节　文旅从业人员的专业能力提高与培训策略

一、专业能力提高的关键方面

在文旅行业中，深化专业知识与技能是提高个人职业竞争力的核心。这不仅仅是对基础知识如旅游地理、历史文化、旅游法规等的熟练掌握，更是对各自岗位专业技能的精通。例如，导游人员须具备出色的讲解技巧，能够生动有趣地传达景点的历史背景和文化内涵；酒店服务人员则需掌握服务规范，确保每一位客人都能享受到舒适、贴心的服务；旅游市场营销人员则需熟悉各种营销策略，以精准定位目标客户群体，实现销售增长。

为了紧跟行业发展步伐，文旅从业人员还应积极参与专业培训、研讨会和学术会议等活动。这些活动不仅是获取新知识、新技能的途径，更是与行业精英交流、分享经验的平台。通过不断学习，文旅从业人员可以及时了解行业动态和前沿趋势，更新自己的知识结构和专业技能，确保自己在激烈的市场竞争中立于不败之地。在文旅行业中，服务意识与沟通能力是提高客户满意度和忠诚度的关键。优质的服务不仅体现在硬件设施上，更体现在从业人员的服务态度和服务细节上。文旅从业人员应树立以客户为中心的服务理念，将客户的需求和期望放在首位，注重服务细节和效率，提供个性化、定制化的服务。为了提高服务意识，文旅从业人员需要深入了解客户的需求和期望，关注客户的反馈和意见，不断优化服务流程和服务质量。同时，加强沟通技巧的培训也至关重要。与游客、同事、合作伙伴等各个方面的沟通都需要准确、有效地传递信息，以避免误解和冲突。通过培训和实践，文旅从业人员可以提高自己的沟通能力，更好地理解和满足客户的需求，提高客户的满意度和忠诚度。在文旅行业中，突发事件和客户投诉是难以避免的。提高应急处理能力是文旅从业人员必备的技能之一。这包括了解并掌握相关的法律法规、应急预案和处置流程等，以便在突发事件发生时能够迅速、准确地作出反应。为了提高应急处理能力，文旅从业人员可以通过模拟演练、案例分析等方式进行训练。模拟演练可以帮助从业人员熟悉应急预案和处置流程，提高应对突发事件的能力；案例分析则可以帮助从业人员了解常见的客户投诉类型和原因，学习如何有效地解决客户投诉问题。通过这些训练，文旅从业人员可以更加自信地应对各种突发事件和客户投诉，确保客户的权益得到保障。

随着科技的飞速发展和消费者需求的不断变化，文旅行业正面临着前所未有的变革和挑战。培养创新思维与学习能力对于文旅从业人员来说至关重要。创新思维可以帮助从业人员发现新的市场机会和商业模式，推动行业的创新发展；学习能力则可以帮助从业人员不断更新知识结构和专业技能，以适应行业的发展变化。为了培养创新思维与学习能力，文旅从业人员需要保持对新技术、新趋势的敏感度和好奇心。他们可以通过阅读行业报告、参加专业培训、关注社交媒体等方式获取最新的行业信息和趋势。同时，他们还需要积极参与创新实践，尝试将新技术、新理念应用于实际工作中，以推动行业的创新发展。在文旅行业中，团队协作与领导力是提高团队整体效能的关键。一个优秀的团队需要成员之间有良好的沟通和协作能力，以及明确的领导方向和决策能力。加强团队协作与领导力的培养对于文旅从业人员来说至关重要。为了加强团队协作与领导力，文旅从业人员需要学会倾听和尊重他人的意见和想法。他们需要与团队成员建立良好的沟通关系，了解彼此的需求和期望，共同制订目标和计划。同时，他们还需要具备明确的领导方向和决策能力，能够带领团队朝着共同的目标前进。通过加强团队协作与领导力的培养，文旅从业人员可以提高团队的整体效能和战斗力，为行业的发展作出更大的贡献。在文旅行业中，个人职业发展与规划是每位从业人员都需要关注的问题。通过制定明确的职业目标和规划路径，从业人员可以更好地了解自己的优势和不足，有针对性地提高自己的专业技能和职业素养。同时，关注个人职业发展与规划还可以帮助从业人员更好地应对行业变革和竞争挑战，实现职业生涯的长远发展。

为了关注个人职业发展与规划，文旅从业人员需要了解自己的兴趣、能力和职业价值观。他们可以通过进行自我评估、参加职业规划培训等方式来明确自己的职业目标和规划路径。同时，他们还需要保持对行业发展趋势的敏感度，了解未来可能面临的机遇和挑战。通过这些努力，文旅从业人员可以更好地规划自己的职业生涯，实现个人价值和社会价值的双重提高。

二、培训策略的制定与实施

在文旅行业中，从业人员的岗位需求和个人发展需求呈现出多元化的特点。为了确保培训的针对性和实效性，制订个性化的培训计划至关重要。首先，需要深入了解每位从业人员的岗位特点、技能水平、工作经验以及个人发展目标等信息。这些信息可以通过问卷调查、面对面访谈、工作表现评估等方式进行收集。其次，在掌握这些信息的基础上，可以制订个性化的培训计划。培训计划应包括明确的培训目标、详细的培训内容、适宜的培训方式以及合理的培训时间。例如，对于新入职的导游人员，培训目标可以设定为掌握基本的讲解技巧和服务规范；对于经验丰富的市场营销人员，培训目标则可以设定为提高创新思维和数据分析能力。同时，培训内容也需要根据岗位需求和个人特点进行精心设计，以确保培训内容的实用性和针对性。在培训方式上，应结合线上和线下资源，采用多元化的培训方式，以满足不同学员的学习需求和习惯。课堂讲授是传统的培训方式之一，通过讲师的讲解和演示，学员可以系统地学习知识和技能。单纯的课堂讲授可能缺乏互动性和实践性，可以结合实践操作、案例分析、模拟演练等方式进行补充。随着互联网的普及和发展，线上培训方式逐渐受到青睐。利用互联网和社交媒体平台，可以开展在线学习、互动交流等活动，提高培训的灵活性和便捷性。例如，可以开发在线学习平台或 App，提供丰富的学习资源和互动功能，让学员随时随地都能进行学习和交流。同时，还可以利用社交媒体平台进行知识分享和讨论，激发学员的学习兴趣和积极性。在制定培训内容时，需要注重实用性和前瞻性相结合。实用性是指培训内容需要与文旅行业的实际需求相符合，能够帮助学员解决工作中的实际问题。例如，可以针对当前旅游市场的发展趋势和客户需求，设计相应的培训课程，如旅游产品设计、客户服务技巧等。前瞻性则是指培训内容需要具有前瞻性和创新性，能够引领文旅行业的发展方向。例如，可以关注新技术在文旅行业的应用和发展趋势，如人工智能、大数据、虚拟现实等，设计相应的培训课程，帮助学员掌握新技术、新理念，提高创新能力。

为了确保培训的有效性，需要加强对培训效果的评估与反馈机制。评估可以通过考试、考核、问卷调查等方式进行，以了解学员对培训内容的掌握情况和满意度。同时，还可以收集学员的反馈意见和建议，以便对培训计划进行持续改进和优化。在评估结果出来后，需要及时与学员进行沟通，了解他们在培训过程中遇到的问题和困难，以及他们对培训内容的改进建议。这些反馈可以作为后续培训改进的依据和参考。同时，还可以将评估结果作为员工绩效考核的一部分，激励员工积极参与培训和学习。除了制订和实施培训计划外，还需要建立持续学习的文化氛围，激发员工的学习动力和积极性。

这可以通过多种方式实现，如设立学习奖励机制、举办学习分享会、搭建学习交流平台等。学习奖励机制可以激励员工积极参与学习和培训活动，如设立学习积分制度、学习之星评选等。这些奖励可以激发员工的学习热情，提高他们的学习积极性和参与度。同时，还可以举办学习分享会，让员工分享自己的学习经验和成果，促进彼此之间的学习和交流。此外，还可以搭建学习交流平台，如学习社群、在线论坛等，让员工可以随时随地进行学习和交流，形成良好的学习氛围。

培训师资力量的强弱直接影响到培训质量的好坏。因此，需要加强培训师资力量的建设，提高讲师的专业素养和教学能力。这可以通过多种方式实现，如引进外部专家、培养内部讲师、开展教学技能培训等。引进外部专家可以带来新的视角和理念，丰富培训内容，提高培训的层次和水平。同时，还可以培养内部讲师，让员工成为讲师的储备力量。通过内部选拔和培养，可以发掘出具有潜力和才华的员工，让他们成为培训的中坚力量。此外，还可以开展教学技能培训，提高讲师的教学能力和水平。这可以通过参加教学研讨会、观摩优秀讲师的授课等方式进行学习和提高。通过加强培训师资力量的建设，可以确保培训质量的稳步提高，为文旅行业的发展提供有力的人才保障。

第四节　人才流动与文旅产业发展的协同机制

一、人才流动对文旅产业发展的促进作用

人才流动作为文旅产业发展中的一股重要力量，为整个产业带来了不可估量的活力与创新力。当来自不同背景、不同领域的新人才加入文旅产业时，他们所带来的不仅仅是新的技能和知识，更重要的是他们所带来的多元视角和思维方式。这些新鲜血液能够打破原有的思维定式，推动文旅产业内部的创新氛围的形成。

新人才的加入，意味着新的创意、新的技术和新的管理方法的引入。在文旅产品的设计和服务的提高方面，这些新元素能够极大地丰富和升级现有的文旅产品，使其更加符合消费者的多样化需求。例如，一些具有艺术、科技或市场营销背景的人才，可能提出全新的文旅项目概念，通过运用先进的

技术手段或创新的营销策略，吸引更多的游客前来体验。这种不断的创新，不仅提高了文旅产品的市场竞争力，也推动了整个文旅产业的持续进步。

人才流动不仅为文旅产业带来了新鲜血液，还促进了产业内部人才结构的优化。在文旅产业中，不同岗位对人才的需求各不相同，有的需要专业技能，有的需要管理经验，还有的需要创意灵感。通过人才的流动，可以使这些不同的人才在产业内部得到更合理的配置。高技能人才和复合型人才能够更容易地找到适合自己的岗位，充分发挥自己的特长和优势。这些人才在文旅产业的各个环节中发挥着关键作用，从项目策划、产品设计到市场推广、客户服务，他们的存在极大地提高了整个产业的运作效率和服务质量。一方面，人才的流动也有助于淘汰那些不适应产业发展需求的人才，使得整个产业的人才结构更加合理和高效。这种资源的优化配置，不仅提高了产业的竞争力，也推动了产业的可持续发展。人才流动是文旅产业吸引力的一种重要体现。一个具有吸引力的文旅产业，往往能够吸引更多优秀的人才前来发展。这些人才的聚集，不仅为产业注入了新的活力，也进一步增强了产业的凝聚力。优秀人才的加入提高了整个产业的形象和声誉，使更多的游客和投资者对文旅产业产生兴趣和信心。这种正面的口碑效应，有助于推动文旅产业的知名度和影响力的提高。另一方面，人才的聚集也促进了产业内部的知识共享和经验交流。不同领域的人才在交流和合作中，能够碰撞出新的火花，产生更多的创意和灵感。这种知识的积累和创新的氛围，进一步增强了产业的凝聚力，形成了良性循环，推动了文旅产业的持续健康发展。

文旅产业作为文化产业和旅游产业的重要组成部分，本身就具有浓厚的文化属性。人才的流动，不仅促进了文旅产业内部的创新和发展，也促进了不同文化之间的交流和融合。在文旅产业中，来自不同地域、不同文化背景的人才聚集在一起，他们之间的交流和合作，不仅推动了文旅产品的创新和升级，也促进了不同文化之间的传播和融合。这种多元文化的交汇点，使文旅产业更加具有包容性和多样性，能够更好地满足不同游客的文化需求。同时，这种文化交流也有助于提高文旅产业的国际影响力，推动中国文化走向世界。随着市场环境的不断变化和消费者需求的日益多样化，文旅产业也面临着升级和转型的压力。一方面，人才流动为文旅产业的升级和转型提供了重要的支撑。新人才的加入带来了新的技术和管理方法，推动了文旅产业的数字化、智能化和专业化发展。例如，一些具有信息技术背景的人才，可能提出全新的文旅数字化解决方案，通过运用大数据、人工智能等技术手段，提高文旅产品的智能化水平和服务质量。另一方面，人才流动有助于文旅产业从传统的观光旅游向休闲度假、文化旅游等方向转型。这种转型不仅满足了消费者对更高品质旅游体验的需求，也推动了文旅产业的可持续发展。此外，人才流动不仅促进了文旅产业的创新和发展，也推动了人才生态系统的构建。在文旅产业中，一个健康、稳定的人才生态系统是产业持续发展的基石。通过人才的流动和合理配置，可以形成一个人才梯队和人才储备库。这些人才在不同的岗位上发挥着不同的作用，共同推动着文旅产业的发展。同时，人才的流动也促进了产业内部的知识共享和经验传承。老一辈的文旅人才可以通过传授经验和知识，帮助新一代的文旅人才快速成长和进步。这种知识的积累和传承，为文旅产业的持续发展提供了重要的人才保障。

人才的流动有助于形成产业内部的竞争和激励机制。通过人才的流动和选拔，可以激发人才的积极性和创造力，推动他们不断提高自己的能力和水平。这种竞争和激励机制的形成，有助于整个文旅产业的人才素质和能力的提高，为产业的持续发展注入了新的动力。

二、构建人才流动与文旅产业发展协同机制的策略

为了促进文旅产业的人才流动，政府应制定和完善相关的人才流动政策，为人才流动提供坚实的制度保障。政府需要放宽人才流动的限制，降低人才流动的门槛，使人才能够更加自由地在文旅产业内部以及与其他产业之间进行流动。这包括取消不必要的户籍限制、简化人才流动的手续和流程等，以减轻人才流动过程中的负担。

为了促进文旅产业的人才流动，政府应优化人才流动的流程，提高人才流动的效率。例如，可以建立人才流动的信息共享机制，实现人才信息的互联互通，减少人才流动的重复审核和烦琐程序。同时，政府还可以提供人才流动的政策支持，如给予一定的税收减免、住房补贴等优惠措施，以吸引更多的人才加入文旅产业。政府还可以通过制定和发布文旅产业人才发展规划，明确人才流动的方向和目标，引导人才在文旅产业内部进行合理流动和配置。这有助于优化文旅产业的人才结构，提高整个产业的竞争力。

为了促进文旅产业的人才流动，需要搭建线上线下相结合的人才流动平台。这些平台可以为文旅产业的人才供需双方提供便捷的信息交流和匹配服务，降低人才流动的搜寻成本和交易成本。在线上平台方面，可以建立文旅产业人才数据库和招聘网站，收集和发布文旅产业的招聘信息和人才信息。

这些平台可以通过智能匹配算法，根据人才的技能和经验与企业的需求进行匹配，为双方提供精准的对接服务。同时，线上平台还可以提供在线面试、在线签约等便捷功能，进一步简化人才流动的流程。在线下平台方面，可以举办文旅产业人才招聘会、人才交流会等活动，为人才和企业提供面对面的交流和对接机会。这些活动可以邀请文旅产业的知名企业和优秀人才参加，通过现场展示、演讲、互动等方式，增进双方的了解和信任，促进人才的流动和合作。此外，人才流动平台还可以提供人才培训、职业规划等增值服务，帮助人才提高技能水平和职业素养，为他们在文旅产业内部的发展提供支持和保障。

为了促进文旅产业的人才流动，需要加强人才培养和引进工作，提高产业的人才素质。一方面，政府和企业可以加大对文旅产业人才的培养力度，通过设立奖学金、提供实习机会、举办培训班等方式，吸引和培养更多的文旅产业人才。这些人才可以来自不同的学科和领域，如旅游管理、文化创意、市场营销等，为文旅产业注入新的活力和创新力。另一方面，政府和企业可以通过引进海外高层次人才、引进国内其他地区优秀人才等方式，提高文旅产业的人才水平。这可以通过提供具有竞争力的薪酬福利、提供良好的工作环境和发展机会等措施来吸引优秀人才。同时，政府还可以与企业合作，共同开展人才引进项目，为文旅产业提供更多的人才资源。在人才培养和引进的过程中，还需要注重人才的职业规划和职业发展。政府和企业可以为人才提供个性化的职业规划和培训服务，帮助他们了解自己在文旅产业中的定位和发展方向，提高他们的职业素养和竞争力。

为了促进文旅产业的人才流动，需要建立科学、公正的人才评价和激励机制，激发人才的活力和创造力。一方面，政府和企业要建立人才评价体系，对文旅产业的人才进行定期的评估和考核。这些评估可以包括技能水平、工作表现、创新能力等方面，以全面反映人才的能力和贡献。另一方面，政府和企业应建立激励机制，对表现优秀的人才给予奖励和表彰。这些奖励可以包括物质奖励和精神奖励，如奖金、荣誉称号、晋升机会等。通过激励机制的建立，可以激发人才的积极性和创造力，推动他们在文旅产业中发挥更大的作用。此外，政府和企业还可以建立人才流动的反馈机制，及时收集和分析人才流动的情况和问题，为制定和调整人才政策提供依据。这有助于优化人才流动的环境和条件，提高人才流动的效率和效果。

为了促进文旅产业的人才流动，需要推动文旅产业的转型升级，拓展人才流动的空间和机会。一方面，政府和企业可以加大对文旅产业的投入和支持力度，推动文旅产业的创新和发展。这包括加强文旅产业的基础设施建设、提高文旅产品的品质和服务水平、推动文旅产业的数字化转型等方面。另一方面，政府和企业可以积极拓展文旅产业的业务领域和产业链条，推动文旅产业与其他产业的融合发展。例如，可以将文旅产业与数字技术、文化创意、体育健身等产业进行融合，打造多元化的文旅产品和服务。这不仅可以提高文旅产业的附加值和竞争力，还可以为人才提供更多的流动机会和发展空间。在推动文旅产业转型升级的过程中，还需要注重人才的培养和引进工作。政府和企业应加强与高校、科研机构等单位的合作，共同开展人才培养和引进项目，为文旅产业提供更多的人才资源和技术支持。

为了促进文旅产业的人才流动，需要营造良好的人才流动环境，包括文化氛围和制度保障。一方面，政府和企业可以加强文旅产业的文化建设，营造开放、包容、创新的文化氛围。这可以通过举办文旅产业文化活动、搭建文旅产业文化交流平台等方式来实现，增强文旅产业的吸引力和凝聚力。另一方面，政府和企业需要完善文旅产业的制度环境，为人才流动提供坚实的制度保障。这包括制定和完善文旅产业的人才政策、知识产权保护政策等，保障人才的合法权益和创新成果。同时，政府和企业还可以加强文旅产业的公共服务体系建设，如提供人才咨询、职业规划、法律援助等服务，为人才提供更加便捷和高效的服务支持。

在营造良好人才流动环境的过程中，还需要注重与社会的互动和合作。政府和企业要加强与社区、媒体等单位的合作，共同开展文旅产业的宣传和推广活动，提高文旅产业的知名度和影响力。同时，政府和企业还要积极回应社会关切和诉求，加强与社会的沟通和交流，共同推动文旅产业的人才流动和发展。

第十章　广西文旅生产力的国际化发展路径

第一节　广西文旅产业的国际化发展潜力

广西文旅产业的国际化发展潜力，不仅基于其得天独厚的自然与文化遗产资源，还依托于政策与区位优势、市场需求与消费升级等多重因素的共同作用。

广西的自然景观以其多样性、独特性和保护状况良好而著称，是吸引国际游客的重要因素。桂林山水，以其独特的喀斯特地貌闻名于世，山水之间，云雾缭绕，宛如一幅幅水墨画卷，令无数游客流连忘返。德天瀑布作为中国与越南的跨国瀑布，以其壮观的景象和独特的地理位置，成为国际游客探寻跨国风情的热门目的地。此外，广西还拥有众多其他自然景观，如北海银滩、阳朔十里画廊等，每一处都充满了自然之美，为国际游客提供了丰富的自然体验。除了自然景观，广西的文化遗产同样丰富。作为少数民族聚居区，广西的壮族、瑶族等少数民族文化各具特色，从民族服饰、传统音乐舞蹈到节庆活动，都蕴含着深厚的历史底蕴和独特的文化魅力。这些文化遗产不仅为国际游客提供了深度文化旅游体验的机会，还促进了中外文化的交流与融合。同时，广西还拥有丰富的历史遗迹和人文景观，如柳州柳侯公园、南宁青秀山风景区等，这些景点不仅展示了广西的历史变迁，也反映了广西人民的精神风貌。

广西位于中国与东盟国家交流合作的前沿窗口，是中国与东盟国家互为重要的旅游目的地和旅游客源地之一。这一区位优势为广西文旅产业的国际化发展提供了广阔的空间。随着中国与东盟国家关系的不断深化，广西作为连接中国与东盟的重要桥梁，其文旅产业的国际化发展将受益于这一区域合作的深入发展。广西壮族自治区政府高度重视文旅产业的发展，出台了一系列政策措施，为文旅产业的国际化发展提供了有力的政策保障。这些政策包括加强旅游基础设施建设、推进智慧旅游建设、优化营商环境等。通过加强旅游基础设施建设，广西不断提高其旅游接待能力，为国际游客提供更加便捷、舒适的旅游体验。智慧旅游建设的推进，则通过运用现代信息技术手段，提高旅游服务的智能化水平，为国际游客提供更加个性化、便捷化的旅游服务。同时，政府还不断优化营商环境，为文旅企业提供更加公平、透明、高效的政务服务，推动文旅产业的健康发展。随着全球旅游业的复苏和消费结构的升级，国际游客对高品质、个性化旅游产品的需求不断提高。广西文旅产业通过创新旅游产品、提高服务质量等方式，能够满足国际游客的多元化需求。在旅游产品创新方面，广西积极开发特色旅游线路和产品，如生态旅游、红色旅游、乡村旅游等，为国际游客提供多样化的旅游选择。同时，广西还注重提高旅游服务质量，通过加强旅游从业人员培训、完善旅游投诉处理机制等措施，不断提高旅游服务的专业化和规范化水平。

广西积极参与国际旅游线路的设计，加强与国际旅游组织的合作与交流，不断提高自身的国际知名度和影响力。通过与国际旅游组织合作，广西可以更加深入地了解国际游客的旅游需求和偏好，从而更有针对性地开发旅游产品和服务。同时，广西还积极参与国际旅游线路的推广和营销活动，通过参加国际旅游展会、举办旅游节庆活动等方式，向世界展示广西的自然美景和人文魅力，吸引更多国际游客前来旅游观光。广西文旅产业的国际化发展还受益于旅游与文化产业的融合发展。通过将旅游与文化产业相结合，广西能够打造出更具特色的旅游产品和服务，满足国际游客对文化体验的需求。例如，广西可以依托其丰富的民族文化资源，开发具有民族特色的文化旅游产品，如民族风情园、民族文化节庆活动等。这些产品不仅能够为国际游客提供独特的文化体验，还能够促进广西民族文化的传承和发展。在广西文旅产业国际化发展的过程中，国际化人才的引进与培养同样重要。通过引进具有国际视野和专业技能的旅游人才，广西能够更加深入地了解国际旅游市场的动态和趋势，从而更加精准地制定旅游发展战略和规划。同时，通过加强旅游从业人员的培训和教育，提高他们的专业素养和服务水平，能够为广西文旅产业的国际化发展提供更加有力的人才保障。

广西文旅产业的国际化发展潜力巨大。通过充分利用其丰富的自然与文化遗产资源、政策与区位优势、市场需求与消费升级等多重因素，加强与国际旅游组织的合作与交流，不断提高自身的国际知名度和影响力，广西文旅产业将迎来更加广阔的发展前景。

第二节　广西应深化与东盟国家的文旅合作

广西文旅资源的独特性与多样性，是提高文旅生产力、深化与东盟国家文旅合作的重要基础。广西拥有得天独厚的自然景观，如桂林山水，以其秀美的山水风光吸引了无数国内外游客；北海银滩以其细腻的沙滩、清澈的海水成为游客休闲度假的理想之地；龙胜龙脊梯田则以其壮观的梯田景观、独特的农耕文化，展示了人与自然和谐共生的美好图景。在文化遗产方面，广西的民族文化丰富多彩，如壮族的铜鼓文化，不仅是壮族人民智慧的结晶，也是中华传统文化的重要组成部分；瑶族的盘王节，则是瑶族人民庆祝丰收、祈福平安的传统节日，展现了瑶族人民勤劳勇敢、热爱生活的精神风貌。这些独特的自然景观和丰富的文化遗产，为广西与东盟国家的文旅合作提供了丰富的资源，也为双方共同开发文化旅游产品、提高文旅生产力提供了广阔的空间。

广西地处中国南部，与东盟国家陆海相邻，具有得天独厚的地理位置优势。这一优势不仅为广西与东盟国家在文旅领域的交流与合作提供了便利条件，也为双方共同开拓国际旅游市场、提高文旅产业竞争力创造了有利条件。陆地上，广西与越南接壤，拥有多个边境口岸，为双方游客往来提供了便捷的通道。海路上，广西的北海港、钦州港等港口与东盟国家的港口实现互联互通，为双方开展海上旅游合作提供了有力支持。此外，广西还积极构建空中交通网络，与东盟国家的多个城市开通了直飞航班，进一步缩短了双方游客的时空距离。同时，中国政府高度重视与东盟国家的合作，积极推动“一带一路”倡议在东盟国家的落地实施。

广西作为中国与东盟合作的重要门户，得到了国家政策的大力支持，为文旅合作提供了良好的政策环境。国家出台了一系列政策措施，支持广西与东盟国家在文旅领域的合作。例如，鼓励双方共同开发文化旅游产品、加强市场营销合作、推动人员交流等。广西也积极响应国家号召，制订了一系列具体实施方案，为双方文旅合作提供了有力的政策保障。此外，广西还积极参与国际旅游组织合作，加强与国际旅游市场的联系与沟通。通过参与国际旅游展会、举办文化旅游节庆活动等方式，提高广西在国际旅游市场的知名度和影响力，为与东盟国家的文旅合作创造了良好的外部环境。

近年来，广西与东盟国家在文旅领域的合作不断深化，双方在文化旅游产品开发、市场营销、人员交流等方面取得了显著成果。这些成果为双方进一步深化文旅合作奠定了坚实的基础。在文化旅游产品开发方面，广西与东盟国家共同推出了多条跨境旅游线路，如桂林—越南下龙湾旅游线路、北海—越南岘港旅游线路等。这些线路不仅丰富了双方的旅游产品体系，也为游客提供了更加多元化的旅游选择。在市场营销方面，广西与东盟国家加强了旅游宣传推介合作。双方通过举办旅游节庆活动、开展旅游促销活动等方式，共同提高双方旅游目的地的知名度和吸引力。同时，双方还加强了旅游信息平台建设，实现旅游信息的共享与交流，为游客提供更加便捷、高效的旅游服务。在人员交流方面，双方采用了双向交流、互学互鉴的模式。例如，通过举办培训班、研讨会等方式，加强旅游从业人员的交流与合作；通过互派留学生、访问学者等方式，加强双方在文化旅游教育领域的交流与合作。这些多元化的合作模式为双方文旅合作注入了新的活力与动力。

创新驱动是提高广西文旅生产力、深化与东盟国家文旅合作的重要动力。广西与东盟国家在文旅合作中不断探索创新驱动的路径与方式，推动双方在文旅领域的持续创新与发展。在技术创新方面，双方加强了与旅游科技企业的交流与合作。例如，通过引入先进的旅游科技手段，提高旅游服务的智能化水平和个性化程度；通过推动旅游产业的数字化转型，提高旅游产业的竞争力和可持续发展能力。同时，双方还加强了旅游科研机构的交流与合作，共同开展旅游科技创新研究与应用推广工作。在模式创新方面，双方不断探索新的文旅合作模式和商业模式，为双方文旅合作提供了更加广阔的发展空间和更加丰富的合作内容。在制度创新方面，双方不断加强文旅领域的制度创新与改革工作，为双方文旅合作提供了更加坚实的制度保障和更加良好的发展环境。

第三节　广西文旅产业的国际化推广路径

广西作为中国与东盟国家交流合作的重要门户，拥有得天独厚的区位优势。这一地理位置不仅为广西带来了丰富的自然资源和多元的人文景观，更为其在国际旅游市场上拓展合作提供了无限可能。广西旅游的国际化推广路径主要包括以下几个方面。

一、强化国际宣传推广

针对近程、中程、远程客源市场制定差异化宣传策略。近程市场以东盟国家及我国港澳地区为重点，中程市场瞄准韩国、日本，远程市场则聚焦欧美及澳大利亚。通过举行在地专场文旅推介、组团参加国际旅游展会、邀请国际旅行商来广西实地考察等方式，持续向全球旅行商和游客推广广西旅游产品、传播广西特色文化，扩大“秀甲天下、壮美广西”文旅品牌的知名度和美誉度。

二、完善旅游基础设施建设

为了吸引更多的国际游客，广西应进一步完善旅游基础设施建设。一方面，加大对旅游交通设施的投资，提高公路、铁路、航空等交通网络的便捷性和舒适度，确保游客能够轻松便捷地抵达各个旅游景点。另一方面，加强旅游接待设施的建设，如增设旅游咨询中心、完善旅游标识系统等，为游客提供更加贴心和便利的服务。

三、利用社交媒体平台推广

聚焦 Facebook、Instagram、TikTok、YouTube 等主流海外社交平台，一方面在平台上投放广西入境旅游广告，另一方面邀请外籍旅游博主来广西摄制推出一系列海外社交平台融媒体产品，如从重点客源地前往广西的详细旅游攻略视频、户外运动主题视频等，向世界展现广西立体有趣的不同方面，吸引更多境外游客到广西旅游。

四、优化过境免签政策吸引游客

积极用好240小时内可跨区域旅行的过境免签政策，赴北京、上海等国外游客入境首站城市以及入境旅游热门城市，开展各种旅游推广与合作活动，吸引更多已入境中国的外国游客到广西旅游。

五、提高旅游服务质量

可以推出多语种入境旅游指南，完善景区的外语标识、外语服务设备、双语服务窗口，开展入境旅游服务质量提高行动，协助入境旅游从业人员提高自身素质，开展“国际旅游进校园”等一系列素质教育宣传活动，吸引更多优秀的外语人才加入跨境旅游行业，为境外游客提供更多便捷服务，让境外游客留得下来、游得舒心、玩得开心。

六、出台入境旅游奖补政策

对旅行社接待境外游客到广西进行奖励，对旅游企业赴境外文旅宣传推介给予补助，激发入境旅游市场主体的积极性与创造力。

七、深化区域旅游合作

加强与东盟等国家和地区的旅游合作，共同打造旅游线路，推动跨境旅游合作区建设，提高广西旅游的国际影响力和竞争力。

通过这些路径，广西正逐步构建起全方位的国际化推广体系，向世界展示其独特的自然风光、丰富的民族文化和优质的旅游服务，吸引更多境外游客前来体验。

第四节　国际化背景下的文旅产业标准化建设

一、制定和实施国际化的文旅产业标准

在全球化的浪潮中，文旅产业作为国际交流与合作的重要桥梁，其标准化建设显得尤为关键。随着国际旅游市场的日益扩大和游客需求的多样化，制定和实施国际化的文旅产业标准成为提高产业竞争力和服务质量的重要途

径。这不仅有助于规范市场秩序，促进文旅产业的健康发展，还能提高国家旅游品牌的国际影响力，吸引更多国际游客。

制定国际化标准首先要求文旅产业深入了解国际市场的需求和规范，通过与国际旅游组织的交流与合作，掌握国际旅游市场的最新动态和趋势。在此基础上，结合本国文旅产业的实际情况，借鉴国际先进经验，制定出一系列既符合国际标准又具有中国特色的文旅产业标准。这些标准应涵盖旅游服务、旅游产品、旅游设施、旅游安全等多个方面，确保文旅产业在国际化进程中能够与国际接轨，满足国际游客的多元化需求。国际化标准的制定是一项复杂而系统的过程，需要政府、行业协会、文旅企业和专家学者等多方面的参与和合作。首先，政府应发挥引导作用，制定相关政策法规，为国际化标准的制定提供制度保障。同时，政府还应加强与国际旅游组织的沟通与协调，争取在国际标准制定中的话语权和影响力。其次，行业协会应发挥桥梁和纽带作用，组织文旅企业积极参与国际标准的制定和修订工作。通过举办国际研讨会、培训班等活动，提高文旅企业对国际化标准的认识和重视程度。此外，行业协会还应加强对文旅企业的指导和监督，确保企业能够按照国际标准进行管理和服务。文旅企业作为国际化标准的实施主体，应积极参与标准的制定和修订工作。企业可以通过与国际知名旅游企业、旅游院校和研究机构的交流与合作，引进国际先进的管理理念和技术手段，提高企业的国际化水平。同时，企业还应加强对员工的培训和教育，提高员工对国际化标准的理解和执行能力。专家学者在国际化标准的制定过程中也发挥着重要作用。他们可以通过研究国际旅游市场的最新动态和趋势，为标准的制定提供科学依据和理论支持。此外，专家学者还可以通过参与国际旅游组织的活动，加强与国际同行的交流与合作，推动国际化标准的制定和修订工作。

制定国际化标准只是第一步，更重要的是将这些标准推广应用到实际中。政府应加强对国际化标准的宣传推广力度，通过媒体、网络等多种渠道向国内外游客宣传介绍这些标准。同时，政府还应加强对文旅企业的引导和监督，鼓励企业采用国际标准进行管理和服务。行业协会在推广国际化标准方面也发挥着重要作用。他们可以通过举办展览、论坛等活动，展示采用国际标准进行管理和服务的文旅企业的优秀成果和经验。同时，行业协会还可以加强对企业的指导和帮助，推动企业不断提高服务质量和管理水平。文旅企业在推广国际化标准时应注重实效性和创新性。企业可以结合自身特点和市场需求，灵活应用国际标准进行管理和服务。同时，企业还应加强与国际知名旅游企业的交流与合作，引进国际先进的管理经验和技术手段，不断提高企业的国际竞争力。

在制定和实施国际化标准的过程中，我们还应注重与本土特色的融合。文旅产业作为文化产业和旅游产业的重要组成部分，具有鲜明的地域性和文化性。在制定国际化标准时，我们应充分考虑本土文化的独特性和多样性，将国际标准与本土文化相结合，打造出具有中国特色的文旅产业标准。一方面，我们可以借鉴国际先进经验和技术手段，提高文旅产业的国际化水平；另一方面，我们也可以挖掘和传承本土文化的优秀元素，将其融入文旅产品的设计和服务中。这样不仅可以提高文旅产品的文化内涵和吸引力，还可以增强游客对本土文化的认同感和归属感。随着国际旅游市场的不断变化和游客需求的日益多样化，国际化标准也需要不断改进和创新。政府、行业协会和文旅企业应加强对国际旅游市场的监测和分析，及时掌握国际市场的最新动态和趋势。在此基础上，结合本国文旅产业的实际情况和发展需求，对国际化标准进行持续改进和创新。一方面，可以借鉴国际先进经验和技术手段，对现有标准进行修订和完善；另一方面，我们也可以结合市场需求和游客反馈，开发出新的服务标准和管理模式。通过持续改进和创新，我们可以不断提高文旅产业的国际竞争力和服务质量。

制定和实施国际化的文旅产业标准是推动文旅产业国际化进程的重要举措。通过积极参与国际标准的制定和修订工作、推广和应用国际标准、融合本土特色以及持续改进和创新等措施，我们可以不断提高文旅产业的国际竞争力和服务质量。随着全球化的深入发展和国际旅游市场的不断扩大，国际化标准将在文旅产业中发挥更加重要的作用。我们应继续加强与国际旅游组织的交流与合作，不断推动文旅产业的标准化建设向更高水平发展。

二、加强文旅产业标准化建设的国际化合作

在全球经济一体化的背景下，文旅产业的国际化合作已成为推动其高质量发展的核心动力之一。文旅产业的标准化建设，不仅关乎国内市场的规范化与品质提高，更是拓展国际市场、增强国际竞争力的重要途径。通过与国际旅游组织、旅游企业以及旅游研究机构的深度合作，我们可以共同应对文旅产业发展中的挑战，分享成功经验，推动全球文旅产业的繁荣发展。

国际化合作的意义在于，它能够帮助我们及时捕捉到国际市场的最新动态，了解到各国文旅产业的发展趋势和先进技术。同时，通过合作与交流，

我们能够借鉴他国的成功模式，结合本国实际，创新性地推进文旅产业的标准化建设。这不仅有助于提高我国文旅产业的国际竞争力，还能促进国际文化交流与融合，为构建人类命运共同体贡献力量。首先，我们需要积极参与国际旅游组织的相关活动和会议。这些活动为我们提供了一个与世界各国旅游部门、旅游企业以及旅游研究机构深入交流的平台。通过参与讨论文旅产业标准化建设面临的问题和挑战，我们可以学习到国际上的先进经验和做法，同时也能够分享我国在文旅产业标准化建设方面的成果与经验。其次，我们还可以与国际研究机构合作，共同开展文旅产业标准化建设的研究与探索。通过深入研究国际市场的需求和趋势，我们可以制定出更加符合国际标准且具有中国特色的文旅产业标准。最后，加强与国际旅游组织的合作，共同推动文旅产业标准的国际推广和应用。通过举办国际研讨会、培训班等活动，我们可以向世界各国介绍我国在文旅产业标准化建设方面的成果与经验，增强国际社会对我国的了解和信任。同时，我们还可以邀请国际旅游组织、旅游企业和研究机构来华考察和交流，共同探讨文旅产业标准化建设的新思路和新方法。

加强文旅产业标准化建设的国际化合作，需要推动文旅产业标准的国际互认。通过标准的互认，我们可以促进文旅产业的国际贸易和投资合作，提高文旅产业的国际影响力和竞争力。我们可以与世界各国共同制定文旅产业标准，推动标准的国际化进程。在标准的制定过程中，我们应充分考虑各国的实际需求和利益诉求，确保标准的公正性、合理性和可操作性。同时，我们还可以通过签订双边或多边协议，推动文旅产业标准的互认工作。通过标准的互认，我们可以降低国际贸易和投资中的技术壁垒和贸易壁垒，促进文旅产业的国际交流与合作。

加强文旅产业标准化建设的国际化合作，需要构建国际化合作机制。这种机制应涵盖合作项目的选择、合作方式的确定、合作成果的评估等多个方面，确保合作的顺利进行和取得实效。可以设立专门的国际合作机构或部门，负责与国际旅游组织、旅游企业和研究机构的沟通与协调。通过定期召开会议、开展交流活动等方式，我们可以及时了解到国际市场的最新动态和各国文旅产业的发展趋势。同时，我们还可以根据国际市场的需求和趋势，选择合适的合作项目，确定合作方式，并制订相应的合作计划和时间表。在合作成果的评估方面，我们应建立科学合理的评估指标体系，对合作项目的实施效果进行定期评估和总结。通过评估结果的反馈和分析，我们可以及时调整合作策略和方法，确保合作的顺利进行和取得实效。

加强文旅产业标准化建设的国际化合作，是推动文旅产业高质量发展的必由之路。通过积极参与国际旅游组织活动、推动文旅产业标准的国际互认以及构建国际化合作机制等措施，我们可以不断提高我国文旅产业的国际竞争力和影响力。

第十一章　新质文旅生产力发展的未来展望

第一节　广西文旅生产力发展的长期规划与方向

一、推进文旅产业深度融合与高质量发展

推进文旅产业深度融合与高质量发展，不仅是提高区域文化软实力的重要途径，也是实现经济转型升级的关键一环。

这一目标的实现，需要我们从多个维度出发，采取一系列有效措施。首先，要深化文旅产业的内部融合，通过资源整合、产品创新和服务优化，打破传统壁垒，实现文化、旅游及相关产业的深度融合，形成产业链上下游的协同效应。其次，要注重提高文旅产业的整体质量，通过标准化建设、品质提高和品牌塑造，增强文旅产品的吸引力和竞争力，满足人民群众日益增长的多元化、个性化需求。同时，我们还应积极引入新技术、新业态和新模式，推动文旅产业的数字化转型和智能化升级，为文旅产业的高质量发展提供强大动力。

广西拥有丰富多彩的历史文化、红色文化和民族文化资源，这些资源是文旅产业融合发展的宝贵财富。在全面推动这些文化资源的创新发展方面，不仅要深入挖掘文化遗产资源的内涵，更要注重提高其研究阐释和展示传播水平。具体而言，可以通过举办文化节庆活动、展览展示、专题讲座等形式，将传统文化以更加生动、直观的方式呈现给游客。同时，要加大对非遗资源的保护与传承力度，创新利用非遗资源，打造非遗市集、非遗街区等特色旅游项目，为游客提供独特的文化体验。这不仅能促进文化遗产的传承与发展，

还能有效丰富文化遗产旅游业态，推动文旅产业的深度融合。

“文化润景”工程是推动文旅产业深度融合的重要举措。通过演艺润景、节庆润景、影视润景等行动，将地域文化融入景区景点的开发建设，不仅能提高旅游景区的文化内涵，还能增强游客的文化体验。在演艺润景方面，可以创作推出一批反映地域文化特色的演艺节目，在景区景点进行常态化演出，让游客在欣赏美景的同时，也能领略到深厚的文化底蕴。在节庆润景方面，可以充分利用当地的传统节日和节庆活动，组织丰富多彩的文化旅游活动，吸引游客参与体验。在影视润景方面，要加强影视拍摄基地的建设，拍摄具有市场价值的主题微电影、微短剧，打造影视场景体验打卡点，吸引更多游客前来观光打卡。

文化产业集群化发展是推动文旅产业高质量发展的重要方向。在推进文化创意、工艺美术、演艺精品等文化产业集群化发展方面，要注重形成集聚效应，推动文化产业链上下游的协同发展。可以通过建设文化产业园区和基地，吸引文化企业入驻，形成文化创意产业聚集区。同时，要支持产业园区拓展文旅消费业态，发展文化创意产品、文化旅游商品等，提高文化产业的附加值和市场竞争力。此外，还可以加强与高校、研究机构等合作，建立产学研用一体化的文化产业创新体系，推动文化产业的持续创新与发展。

重大文旅项目是推动文旅产业融合发展的重要支撑。在加强重大项目谋划储备方面，要注重项目的主题鲜明性、产业融合度和示范性。可以围绕当地的文化特色和资源禀赋，策划一批具有市场竞争力和吸引力的文旅项目。同时，要优化完善闲置旅游项目盘活方式，支持旅游企业盘活存量旅游项目与资产，提高资源利用效率。在项目实施过程中，要注重生态保护和文化传承，确保项目的可持续发展。此外，还可以加强与金融机构的合作，为重大文旅项目提供有力的资金支持。

综上所述，推进文旅产业深度融合与高质量发展需要从多个方面入手，包括文化资源的活化利用、实施“文化润景”工程、文化产业集群化发展、重大文旅项目建设等。通过这些措施的实施，可以推动广西文旅产业的持续健康发展，为经济转型升级和文化软实力的提高注入新的动力。

二、拓展文旅市场与优化产业发展环境

广西作为中国西南地区的重要省区，其文旅市场的发展具有得天独厚的地理和文化优势。为了深度拓展文旅市场，广西正大力实施一系列市场战略。

在国内市场方面，广西将重点拓展中远程市场，特别是与粤港澳大湾区的联动合作。通过加强区域间的交流合作，共同开发旅游线路和产品，吸引更多大湾区游客前来广西旅游。同时，广西也在积极优化提高“双周”市场，即打造“周末游八桂”品牌，通过短途游、自驾游等形式，吸引周边城市的游客利用周末时间前来体验广西的美景和文化。

在国际市场方面，广西不断拓展入境旅游市场，特别是针对东盟、日韩、欧美等传统入境客源市场。通过举办各类文化旅游节庆活动、加强国际旅游营销宣传等方式，提高广西在国际旅游市场的知名度和吸引力。此外，广西还在积极探索与“一带一路”共建国家的旅游合作，拓展新的入境客源市场，为广西文旅市场的多元化发展注入新的活力。为了进一步提高广西文旅市场的吸引力，广西正积极推进旅游便利化工程。在交通方面，广西正加强交通干线与重点旅游景区的交通连接，提高旅游交通的便捷性和舒适性。通过建设高速公路、铁路等交通基础设施，缩短游客前往旅游景区的路程时间，提高游客的旅游体验。同时，广西还在积极推进旅游交通的智能化和绿色化发展，通过应用智能交通管理系统、推广新能源汽车等方式，为游客提供更加便捷、舒适、环保的旅游交通服务。在服务方面，广西正强化旅游标准引领提高，打造一批具有国际影响力和竞争力的文化和旅游服务品牌。通过加强旅游从业人员的培训和管理，提高旅游服务的质量和水平。同时，广西还在积极推广智慧旅游服务，通过建设智慧文旅平台、推广移动支付等方式，为游客提供更加便捷、高效的旅游服务体验。随着数字科技的不断发展，广西积极探索数字科技在文旅产业中的应用。通过数字科技手段，提高文旅产业的创新能力和竞争力，推动文旅产业的转型升级。例如，广西大力发展沉浸式文化体验、数字文旅融合等新业态。通过运用虚拟现实、增强现实等技术手段，为游客提供更加生动、逼真的文旅体验。同时，广西还在积极推广智慧景区、智慧酒店等新型旅游业态，通过应用智能导览系统、在线预订等方式，提高游客的旅游体验和服务质量。此外，广西还在加强与电商平台、社交媒体等平台的合作，拓展文旅产品的线上销售渠道，提高文旅产业的线上市场份额。

为了维护文旅市场的良好秩序和游客的合法权益，广西还强化文旅市场的综合治理。通过建立健全文化旅游行业跨部门综合监管机制，常态化、长效化开展文旅市场综合整治。例如，广西加强了对旅游市场的监管和执法力度，打击旅游市场中的违法违规行为，如“不合理低价游”“强制购物”等。

同时，广西还在加强对旅游从业人员的培训和管理，提高他们的法律意识和职业素养。此外，广西还在积极推广文明旅游的理念和做法。通过加强文明旅游宣传和教育，提高游客的文明素质和旅游意识。同时，广西还在加强对旅游景区的环境整治和生态保护，保护旅游景区的自然和文化遗产资源，为游客提供更加优美、舒适、安全的旅游环境。

广西在拓展文旅市场和优化产业发展环境方面正取得积极进展。通过实施产业市场深度拓展行动、推进旅游便利化工程、利用数字科技引导产业升级、强化文旅市场综合治理等措施，广西正不断提高文旅产业的竞争力和吸引力，为广西经济社会的发展注入新的活力和动力。

第二节　新兴技术对文旅产业未来发展的影响

一、提高文旅体验与互动性

虚拟现实技术作为文旅产业中的一股重要力量，逐步改变着人们的旅游方式。借助虚拟现实技术，游客无须离开家门，就能身临其境地游览世界各地的名胜古迹。这种体验方式不仅打破了时间和空间的限制，让游客能够在短时间内体验不同地域的文化风情，还极大地降低了旅游成本，使得更多人有机会接触到世界各地的旅游资源。

在文旅产业中，虚拟现实技术的应用场景十分广泛。例如，博物馆和历史文化遗址可以利用虚拟现实技术重现历史场景，让游客在虚拟环境中与历史人物进行互动，深入了解历史事件和文化背景。主题公园和景区也可以借助虚拟现实技术打造各种刺激和奇幻的游乐项目，为游客带来前所未有的沉浸式体验。此外，虚拟现实技术还可以用于虚拟导览和虚拟购物等场景，为游客提供更加便捷和丰富的旅游服务。增强现实技术则能够在现实场景中叠加虚拟信息，为游客提供更加丰富的视觉和交互体验。与虚拟现实技术相比，增强现实技术更注重与现实世界的结合，它能够将虚拟元素无缝融入现实场景中，让游客在真实环境中感受到虚拟世界的存在。在文旅产业中，增强现实技术的应用同样广泛。例如，在景区游览过程中，游客可以通过手机或 AR 眼镜等设备扫描特定的二维码或标记，从而触发虚拟信息或动画效果。这些信息可以包括景点的历史背景、文化内涵、建筑特色等，帮助游客更加深入地了解景点的文化内涵和背景故事。此外，增强现实技术还可以用于打造互动游戏和寻宝活动等娱乐项目，为游客提供更加有趣和刺激的旅游体验。混合现实技术是虚拟现实和增强现实技术的结合体，它能够在现实世界中叠加虚拟元素，并允许用户与这些元素进行互动。与虚拟现实和增强现实技术相比，混合现实技术更加注重虚拟与现实之间的交互和融合，能够为游客提供更加真实和生动的沉浸式体验。在文旅产业中，混合现实技术的应用同样具有广阔的前景。例如，在历史文化遗址的修复和保护过程中，混合现实技术可以用于虚拟修复和重建工作，让游客在真实环境中看到修复后的效果。此外，混合现实技术还可以用于打造虚拟教育等场景，帮助游客更加深入地了解景点的文化内涵和历史背景。在演艺娱乐方面，混合现实技术也能够创造出虚实交融的震撼舞台效果，为观众带来前所未有的视听盛宴。

全息投影技术是一种利用干涉和衍射原理记录并再现物体真实三维图像的技术。在文旅产业中，全息投影技术可以用于文物古迹的三维重建和动态展示，让游客在互动中学习和了解历史文化。例如，博物馆和历史文化遗址可以利用全息投影技术展示珍贵的文物和艺术品。通过三维重建和动态展示，游客可以在虚拟环境中近距离观察这些文物和艺术品，甚至可以与它们进行互动。这种展示方式不仅提高了游客的参观体验，还加强了他们对历史文化的认知和了解。此外，全息投影技术还可以用于打造虚拟舞台和演出等场景，为观众带来更加生动和逼真的演出效果。

除了上述单一技术的应用外，新兴技术在文旅产业中的综合应用和创新也是当前的一个热点话题。例如，将虚拟现实、增强现实和混合现实等技术进行融合应用，可以打造出更加复杂和多样化的沉浸式体验场景。这些场景可以包括虚拟游览、虚拟导览、虚拟教育、虚拟娱乐等多个方面，为游客提供更加全面和丰富的旅游体验。此外，新兴技术还可以与传统文化和旅游资源进行结合创新。例如，利用全息投影技术展示历史文化和传说故事，让游客在互动中学习和了解历史文化。这些创新应用不仅能够提高游客的参观体验，还能够促进传统文化和旅游资源的传承和发展。随着新兴技术的不断发展和应用，文旅产业将迎来更加广阔的发展前景。

在应用这些技术的过程中，我们也面临着一些挑战和问题。例如，技术成本较高、技术普及程度有限、数据安全和隐私保护等问题都需要我们进行深入思考和解决。为了应对这些挑战和问题，我们需要采取一系列措施。首先，加强技术研发和创新力度，提高技术的成熟度并降低成本；其次，加强技术普及和推广力度，提高公众对新兴技术的认知度和接受度；最后，加强数据安全和隐私保护力度，确保游客的个人信息和数据安全不受侵犯。通过这些措施的实施和推进，我们相信新兴技术将在文旅产业中发挥更加重要的作用，为游客带来更加丰富和生动的旅游体验。

二、推动文旅产品的创新与多元化

在文旅产品的创新与多元化进程中，区块链技术的引入无疑为行业带来了革命性的变化。区块链作为一种分布式账本技术，具有不可篡改、透明公开的特性，这些特性使其在文旅产品的溯源和防伪方面发挥了巨大作用。通过区块链技术，文旅产品可以建立从生产、加工、销售到消费的全链条追溯体系。每一个环节的信息都被记录在区块链上，形成一个完整、透明且不可篡改的数据链。这不仅有助于消费者了解产品的真实来源和制作过程，提高产品的信誉度和安全性，同时也为文旅企业提供了强有力的品牌保护手段。例如，一些文化旅游纪念品或特色商品，通过区块链技术实现溯源，可以确保消费者购买到的是真正的“地道”产品，避免假冒伪劣产品的侵害。此外，区块链技术还可以与文旅产品的数字化相结合，打造独特的数字文旅产品。例如，基于区块链技术的数字门票、数字艺术品等，不仅具有独特的收藏价值，还可以实现版权保护、交易追溯等功能，为文旅产品的创新和多元化提供了更多的可能性。

人工智能技术的快速发展，为文旅产品的创新和多元化注入了新的活力。在文旅产业中，人工智能技术可以应用于智能导览系统、智能客服、智能推荐等多个领域，为游客提供更加个性化、便捷的服务体验。智能导览系统可以根据游客的兴趣、需求以及历史游览记录，为游客提供定制化的旅游路线和推荐。例如，当游客对某个历史遗址或博物馆感兴趣时，智能导览系统可以自动为其推荐相关的展览、讲解视频或互动体验项目，让游客在游览过程中获得更加深入、全面的了解。此外，人工智能技术还可以应用于文旅产品的智能化管理和运营。例如，通过大数据分析游客的行为习惯和偏好，文旅企业可以更加精准地预测市场需求和制定营销策略，提高产品的市场竞争力和盈利能力。

新兴技术不仅推动了文旅产品本身的创新和多元化发展，还促进了文旅产业与其他产业的跨界融合。通过与文化创意产业、科技产业等领域的合作，文旅产业可以开发出更多具有创新性和竞争力的文旅产品。例如，与文化创意产业的合作可以推动文旅产品的文化内涵和艺术价值的提高。通过引入设计师、艺术家等创意人才，文旅产品可以融入更多的文化元素和艺术元素，形成独特的品牌特色和竞争优势。同时，与文化创意产业的合作还可以推动文旅产品的创新设计和营销推广，提高产品的知名度和美誉度。与科技产业的合作则可以为文旅产业带来更多的技术创新和应用场景。例如，通过与科技企业的合作，文旅企业可以引入更多的智能化设备和技术手段，提高产品的科技含量和智能化水平。同时，科技产业也可以为文旅产业提供更多的技术支持和解决方案，推动文旅产业的数字化转型和智能化升级。

三、优化文旅产业的管理与运营

在文旅产业的管理与运营中，大数据、云计算和物联网等技术的应用为文旅企业提供了前所未有的市场洞察能力。通过实时收集和分析游客的行为数据，包括游览路径、停留时间、消费习惯等，文旅企业能够深入了解游客的需求和偏好，从而对产品和服务进行精准定位和优化。

大数据的应用不仅限于游客行为分析，还可以扩展到市场趋势预测、游客满意度调查等多个方面。通过挖掘数据背后的规律，文旅企业能够提前预判市场变化，制定相应的应对策略。而云计算技术则提供了强大的数据存储和处理能力，使大数据分析成为可能，同时也为文旅企业提供了灵活、可扩展的 IT 基础设施，降低了运营成本。在精准营销方面，大数据和云计算技术能够助力文旅企业实现个性化推广。通过对游客数据的分析，企业可以识别出潜在的高价值客户，为他们量身定制旅游产品和服务，提高转化率和客户满意度。此外，大数据还可以帮助企业识别出潜在的市场机会，如开发新的旅游线路、举办特色活动等，从而拓展市场份额。

物联网技术在文旅产业中的应用日益广泛，它能够实现景区内设施设备的智能监控和维护，提高运营效率和服务质量。通过物联网技术，文旅企业可以实时监测景区的环境参数、设备状态等关键信息，及时发现并解决潜在问题。例如，在景区内安装智能传感器和监控摄像头，可以实时监测游客流量、环境湿度、温度等参数，为景区管理提供决策支持。当游客流量过大时，系统可以自动触发预警机制，引导游客分流，避免拥堵和安全事故的发生。同时，物联网技术还可以应用于景区的设施设备维护，通过实时监测设备状态，预测并预防设备故障，降低维修成本。物联网技术还可以提高游客的游览体验。例如，通过智能导览系统和定位技术，游客可以实时获取景点的位置信息、历史背景等，增强游览的趣味性和互动性。同时，物联网技术还可以应用于景区的票务管理、停车管理等方面，提高游客的出行效率和便利性。

5G 和移动互联网技术的快速发展，为文旅产业的数字化转型提供了有力支持。通过 5G 技术，文旅企业可以实现高速、低延迟的数据传输和通信，为游客提供更加流畅、高效的在线服务体验。在文旅产业的数字化转型中，5G 技术可以应用于智能导览、高清直播等多个方面。通过 5G 技术，游客可以实时获取景点的高清视频和图片信息，增强游览的沉浸感和互动性。同时，5G 技术还可以支持大规模的游客数据收集和分析，为文旅企业提供更加精准的市场洞察和决策支持。移动互联网技术的普及和应用，为文旅产业的数字化转型提供了广阔的空间。通过 App 等渠道，文旅企业可以为游客提供更加便捷、个性化的服务体验。例如，通过 App，游客可以随时随地预订旅游产品、查看景点信息、获取导航服务等，提高出行效率和便利性。

在新兴技术的推动下，文旅产业的管理与运营正朝着更加智能化、高效化的方向发展。我们也应该看到，新兴技术的应用也带来了一些挑战和问题。例如，数据安全与隐私保护、技术更新与迭代速度、人才短缺等问题都需要我们深入思考和解决。为了应对这些挑战和问题，文旅企业需要加强技术研发和创新力度，提高技术的安全性和可靠性。同时，企业还需要加强人才培养和引进工作，培养一批具备专业技能和创新能力的人才队伍。此外，文旅企业还需要加强与政府、高校等机构的合作与交流，共同推动文旅产业的健康可持续发展。在未来展望中，随着新兴技术的不断发展和应用，文旅产业的管理与运营将会变得更加智能化、高效化和个性化。同时，也期待文旅产业能够在新兴技术的推动下实现更加可持续的发展模式，为游客提供更加优质、便捷的服务体验。

第三节　文旅融合在高质量发展中的应用与实践

一、文旅融合推动旅游业转型升级

文旅融合推动旅游业转型升级是一个多维度、深层次的过程，它不仅仅是旅游产品与服务的创新升级，更是旅游业整体发展模式的深刻变革。

随着人们生活水平的提高和休闲观念的转变，传统的观光游已经难以满足游客日益增长的个性化、多元化需求。文旅融合作为一种新的发展模式，旨在通过深入挖掘和整合文化旅游资源，将文化元素融入旅游业发展的全过程，从而推动旅游业从单一观光向深度游、体验游转变。这种转变不仅丰富了旅游产品的内涵和外延，还提高了旅游业的整体品质和竞争力，为旅游业的高质量发展注入了新的活力。文旅融合的核心在于创新，它推动了旅游产品的多元化和差异化发展。通过结合地方特色文化，各地开发出一系列具有浓郁文化气息的旅游产品，如文化主题公园、文化旅游节庆活动、文化旅游演艺等。这些产品不仅吸引了大量游客，还提高了游客的满意度和忠诚度。例如，一些地区利用自身的历史文化遗产，打造了一系列历史文化主题公园，通过还原历史场景、展示文化遗产等方式，让游客在游玩中感受历史文化的魅力。同时，文化旅游节庆活动和演艺项目的举办，也为游客提供了更加丰富的文化体验，增强了游客的参与感和归属感。文旅融合不仅促进了旅游产品的创新，还推动了旅游服务的升级。在文旅融合的背景下，旅游服务不再仅仅局限于提供住宿、餐饮等基本需求，而是更加注重提供文化体验、互动交流等深层次的服务。这要求旅游从业人员不仅要具备专业的旅游服务技能，还要具备丰富的文化知识和良好的沟通能力。为了满足游客对文化体验的需求，一些地区在旅游服务中融入了更多的文化元素，如提供文化解说服务、组织文化体验活动等。这些服务的推出，不仅提高了游客的满意度和忠诚度，还增强了旅游业的吸引力和竞争力。

文旅融合促进了旅游产业的协同发展。在文旅融合的过程中，旅游业与文化产业、农业、手工业等相关产业形成了紧密的产业链和产业集群。这种协同发展不仅提高了旅游业的附加值和竞争力，还带动了相关产业的发展和升级。例如，一些地区在开发文化旅游产品时，注重与当地的手工业和农业相结合，通过提供手工艺品制作、农产品采摘等体验活动，让游客在游玩中感受当地的文化和民俗风情。这种协同发展的模式不仅丰富了旅游产品的种类和内涵，还提高了旅游业的整体效益和高质量发展能力。同时，文旅融合推动了旅游市场的拓展。在文旅融合的背景下，旅游业不再局限于传统的观光游市场，而是向更加多元化、个性化的市场方向发展。例如，一些地区通过开发文化旅游产品，吸引了大量文化爱好者、历史迷等特定游客群体。这些游客群体的到来，不仅为旅游业带来了新的增长点和盈利空间，还促进了旅游市场的多元化和个性化发展。此外，文旅融合推动了旅游业与互联网、大数据等新兴产业的融合发展，为旅游市场的拓展提供了新的动力和机遇。

尽管文旅融合为旅游业的转型升级提供了重要支撑和推动力量，但在实践过程中也面临着一些挑战和问题。例如，一些地区在开发文化旅游产品时缺乏创新和特色，导致产品同质化严重；一些地区在推动文旅融合时缺乏统筹规划和政策支持，导致资源浪费和效率低下等。为了应对这些挑战和问题，需要采取一系列应对策略和措施。例如，加强文化旅游产品的创新和研发，提高产品的独特性和吸引力；加强统筹规划和政策支持，推动文旅融合的深入发展和高效实施；加强旅游从业人员的培训和教育，提高他们的文化素养和服务水平等。通过这些应对策略和措施的实施，可以进一步推动文旅融合的深入发展和旅游业的转型升级。

文旅融合推动旅游业转型升级是一个复杂而深刻的过程，需要政府、企业和社会各界的共同努力和协作。只有通过深入挖掘和整合文化旅游资源、推动旅游产品与服务的创新升级、促进旅游产业的协同发展以及拓展旅游市场等举措的实施，才能实现旅游业的高质量发展。

二、文旅融合促进经济社会的高质量发展

文旅融合促进经济社会的高质量发展是一个复杂而多维度的过程，它不仅深刻影响着旅游业的转型升级，还在更广泛的层面上推动了经济社会的全面进步。

文旅融合作为推动经济转型升级的重要力量，显著优化了经济结构。旅游业本身就是一个涵盖多个行业的综合性产业，其健康发展能够带动餐饮、住宿、交通、购物、娱乐等相关产业的繁荣。文旅融合通过挖掘和利用地方特色文化资源，促进了这些产业的协同发展，形成了具有地方特色的产业链和产业集群。这种协同发展的模式不仅提高了各产业的附加值，还增强了区域经济的整体竞争力。在文旅融合的背景下，许多地区通过打造文化旅游品牌，吸引了大量游客前来观光和消费，从而带动了当地经济的快速增长。文旅融合对就业和民生改善具有显著的促进作用。随着文旅产业的快速发展，相关产业的就业机会也随之增加。从导游、酒店服务员到文化演艺人员，再到旅游商品的生产和销售人员，文旅融合为各个层次的劳动力提供了广阔的就业空间。同时，文旅融合还促进了农村和欠发达地区的经济发展，为当地居民提供了更多的就业机会和收入来源。这不仅提高了人们的生活水平，还促进了社会的和谐稳定。此外，文旅融合还推动了教育和文化的普及，提高了人们的文化素养和审美能力，为社会的全面发展奠定了坚实的基础。文旅

融合在推动经济发展的同时，也注重文化遗产的保护与传承。在文旅融合的过程中，各地深入挖掘和利用了丰富的文化遗产资源，通过建设博物馆、展览馆、文化主题公园等形式，向游客展示了地方文化的独特魅力。这不仅提高了游客的文化素养和审美能力，还增强了他们对文化遗产的保护意识。同时，文旅融合还促进了传统手工艺、民俗表演等非物质文化遗产的传承与发展，为这些文化遗产的保护注入了新的活力。通过文旅融合，我们不仅能够欣赏到丰富的文化遗产，还能够为这些文化遗产的传承和发展作出贡献。

文旅融合不仅促进了国内不同地域之间的文化交流与互鉴，还加强了国际间的文化合作与交流。在文旅融合的背景下，各地通过举办文化旅游节庆活动、文化交流展览等形式，为游客提供了了解不同地域文化的机会。这种跨地域、跨文化的交流不仅丰富了人们的文化视野，还促进了不同文化之间的理解和尊重。同时，文旅融合还推动了国际间的文化合作与交流，为各国人民提供了增进友谊、深化合作的桥梁和纽带。通过文旅融合，我们能够更好地传承和弘扬中华文化，同时也能够吸收和借鉴其他国家的优秀文化成果。文旅融合对于提高城市品牌形象和竞争力具有重要意义。在文旅融合的背景下，各地通过打造独特的文化旅游品牌，提高了城市的知名度和美誉度。这些品牌不仅吸引了大量游客前来观光和消费，还促进了城市基础设施的完善和服务质量的提高。同时，文旅融合还推动了城市文化的创新发展，为城市注入了新的活力和魅力。这种创新发展不仅提高了城市的竞争力，还增强了城市的吸引力和凝聚力。通过文旅融合，我们能够更好地展示城市的独特魅力，提高城市的品牌形象和竞争力。

尽管文旅融合在推动经济社会的高质量发展方面取得了显著成效，但在实践中也面临着一些挑战和问题。例如，一些地区在文旅融合过程中存在同质化竞争、文化内涵挖掘不足等问题；一些地方在保护文化遗产与促进旅游发展之间缺乏平衡；一些地区在文旅融合过程中缺乏专业人才和技术支持等。为了应对这些挑战和问题，我们需要采取一系列应对策略和措施。首先，要加强文旅融合的顶层设计和规划引领，明确发展方向和目标；其次，要注重文化内涵的挖掘和传承，提高文旅产品的独特性和吸引力；再次，要加强文化遗产的保护和利用，实现文化遗产的可持续发展；最后，要加强专业人才培养和技术引进，提高文旅融合的专业水平和创新能力。通过这些应对策略和措施的实施，我们可以更好地推动文旅融合的深入发展，为经济社会的高质量发展作出贡献。

文旅融合在推动经济社会的高质量发展方面发挥着重要作用。通过优化经济结构、促进就业与民生改善、助力文化遗产保护与传承、推动文化交流与互鉴、提高城市品牌形象与竞争力等举措的实施，我们可以更好地发挥文旅融合的优势和潜力，为经济社会的全面进步和发展注入新的动力和活力。

参考文献

［1］丁静. 乡村振兴视角下广西非遗文化的数字化设计保护与传承策略研究［J］. 鞋类工艺与设计，2024，4（21）：83-85.

［2］黄彩霞. 数字化时代背景下广西乡村治理优化路径［J］. 农村经济与科技，2024，35（20）：213-215.

［3］杨芳芳，梁艺涵，梁芷铭. 乡村振兴战略背景下广西民族文化传承创新研究［J］. 广西职业技术学院学报，2024，17（5）：34-41.

［4］黄彦菁. 乡村振兴背景下广西乡村发展优化路径探究［J］. 广东蚕业，2024，58（10）：128-130.

［5］李宇花. 设计学视角下的桂北传统村落“空心村”活化振兴探索——以广西桂林市田心村为例［J］. 鞋类工艺与设计，2024，4（18）：115-117.

［6］莫智敏. 城市中的“非遗空间”塑造——广西公共图书馆在传承非物质文化遗产中的效用研究［J］. 河南图书馆学刊，2024，44（9）：33-35.

［7］韦枫，肖崇瑶，朱波涌. 壮族妇女参与壮民族传统体育文化的传承研究［J］. 当代体育科技，2024，14（25）：124-127，132.

［8］屈炎. 广西侗族干栏式建筑在3DSMAX课程案例教学中的应用研究［J］. 新美域，2024（9）：124-126.

［9］张利霞，刘莹莹. 传承广西优秀民族文化铸牢中华民族共同体意识［J］. 当代广西，2024（17）：17.

［10］苏焕鹏，谢劲松. 广西森林生态文化旅游与乡村振兴融合发展的探析［J］. 现代园艺，2024，47（19）：59-64.

［11］苏瑜珊. 乡村振兴背景下广西乡村建筑风貌整治研究［J］. 农村科学实验，2024（16）：25-27.

［12］陶琳．铸牢中华民族共同体意识视域下广西跨境民族文化交流路径探析［J］．新楚文化，2024（23）：65-68．

［13］龚丽敏．广西民族生态博物馆文化遗产保护与传承［J］．文化产业，2024（23）：25-27．

［14］肖宗娜．乡村振兴视角下广西特色传统美食产业发展的策略研究［J］．食品安全导刊，2024（23）：133-135．

［15］何武．乡村振兴战略背景下广西美丽乡村规划设计的创新路径研究［J］．棉花科学，2024，46（4）：125-127．

［16］广西壮族自治区大新县委宣传部，大新县实施乡村振兴战略指挥部办公室．广西壮族自治区大新县“工匠培育+非遗传承”助力文化振兴［J］．农村工作通信，2024（15）：30．

［17］罗春霞，黄晓莹，陈慧祎，等．广西非遗文化启蒙教育路径探索与实践［J］．大众文艺，2024（14）：190-192．

［18］陆媚．少数民族节日文化传承与铸牢中华民族共同体意识路径研究——以广西地区为例［J］．新传奇，2024（28）：56-59．

［19］刘绍卫．广西革命文化传承与铸牢中华民族共同体意识研究［J］．传承，2024（2）：66-72．

［20］翁少娟，伍朝雀，王标璐，等．乡村振兴背景下乡村非物质文化遗产的传承与振兴——以广西北海市合浦县为例［J］．北部湾大学学报，2024，39（3）：28-33．

［21］欧阳修俊．广西世居民族村落教育研究［M］．桂林：广西师范大学出版社，2022．

［22］莫道才．广西石刻［M］．桂林：广西师范大学出版社，2021．

［23］陈峥，张季，苏国辉．地方优秀历史文化资源融入高校“纲要”课社会实践教学［M］．北京：九州出版社，2019．

［24］韦顺国．广西桂西资源富集区乡村文化建设研究［M］．武汉：武汉大学出版社，2016．